JIANCHA
YANJIU

编委会主任／徐安

主编／方晓林

检察研究

2014年
（总第048期）

第
（2）
卷

中国检察出版社

图书在版编目（CIP）数据

检察研究．2014 年．第 2 卷／徐安，方晓林主编．—北京：中国检察
出版社，2014.8
ISBN 978 - 7 - 5102 - 1246 - 8

Ⅰ．①检… Ⅱ．①徐… ②方… Ⅲ．①检察机关 - 工作 - 中国 - 文集
Ⅳ．①D926.3 - 53

中国版本图书馆 CIP 数据核字（2014）第 169797 号

检察研究（2014 年第 2 卷）

方晓林　主编

出版发行：中国检察出版社
社　　址：北京市石景山区香山南路 111 号（100144）
网　　址：中国检察出版社（www.zgjccbs.com）
电　　话：(010)88960622(编辑)　68650015(发行)　68636518(门市)
经　　销：新华书店
印　　刷：保定市中画美凯印刷有限公司
开　　本：720 mm×960 mm　16 开
印　　张：12 印张
字　　数：221 千字
版　　次：2014 年 8 月第一版　　2014 年 8 月第一次印刷
书　　号：ISBN 978 - 7 - 5102 - 1246 - 8
定　　价：30.00 元
全套共四册　总定价：120.00 元

《检察研究》编辑委员会

主　　编：方晓林

副主编：张承平　桂万先　鲍　杰

编辑部主任：张承平

编辑部副主任：桂万先　鲍　杰　张　毅

执行编辑：马　融　杨吉高　黄　伟

　　　　　　吴海涛　刘合臻

目　　录

▌法学专论

▌检察实务

本刊特稿

坚持道路自信理论自信制度自信
始终沿着正确方向发展检察事业

徐　安*

检察机关学习习近平总书记系列重要讲话，必须深入学习领会总书记关于坚定道路自信理论自信制度自信的有关论述，坚持检察工作正确方向，开拓创新、扎实进取，推动检察事业取得科学发展新成效。能不能做到坚定"三个自信"，直接关系到检察机关举什么旗、走什么路、沿着什么方向发展的根本大计，只有在这样的重大问题上保持清醒头脑、认清正确方向，坚持走好自己的路，才能发展检察事业。本文围绕学习总书记系列重要讲话中关于坚定道路自信理论自信制度自信的有关论述，结合江苏检察工作实际，探讨检察机关如何在新形势下坚持正确发展方向，推动检察工作科学发展。

一、深刻理解把握习近平总书记关于"三个自信"重要论述的基本内涵

党的十八大以来，以习近平同志为总书记的党中央，高举中国特色社会主义伟大旗帜，统筹国内国际两个大局，统筹伟大事业伟大工程，在一年多的时间里，推动党和国家各项工作取得新的巨大成就，得到全国广大干部群众的衷心拥护和国际社会的高度评价。在习近平总书记一系列重要讲话中，关于坚持和发展中国特色社会主义、实现中华民族伟大复兴的中国梦，全面推进经济建设、政治建设、文化建设、社会建设、生态文明建设，以及提高党的建设科学化水平等方面的论述占有重要地位，这些论述集中起来，就是要坚定中国特色

＊ 江苏省人民检察院党组书记、检察长。

社会主义道路自信理论自信制度自信。学习贯彻总书记重要讲话，首先必须把总书记关于"三个自信"重要论述的基本内涵领会准、理解透、把握好，以此来确保检察事业的根基不动摇。如果对"三个自信"的问题把握不好、解决不好，就会出现信心缺失、信念滑坡、信任危机，甚至会导致检察机关改旗易帜、走向邪路。什么是"三个自信"？怎样才能做到"三个自信"？

第一，坚定"三个自信"，就要真正理解、领会坚持和发展中国特色社会主义的极端重要性。"三个自信"的说法最早源自党的十八大报告第二部分的结束语，这部分以"夺取中国特色社会主义新胜利"为题，深刻阐述了坚定不移走中国特色社会主义道路的极端重要性和历史必然性，明确提出了发展中国特色社会主义的基本要求和"两个一百年"奋斗目标，最后郑重提出"全党要坚定这样的道路自信、理论自信、制度自信"，可以说是掷地有声、矢志不渝，是一种庄严的宣示，表明了中国共产党人的坚定态度、坚强决心。习近平总书记主持中央工作以来，多次就坚持和发展中国特色社会主义发表一系列重要讲话。总书记告诫全党，道路就是党的生命；独特的文化传统、独特的历史命运、独特的基本国情，注定了我们必然要走适合自己特点的发展道路，这条道路就是中国特色社会主义道路。总书记指出，中国特色社会主义承载着几代中国共产党人的理想和探索，寄托着无数仁人志士的夙愿和期盼，凝聚着亿万人民的奋斗和牺牲，是近代以来中国社会发展的必然选择，是发展中国、稳定中国的必由之路；我们既不走封闭僵化的老路，也不走改旗易帜的邪路，就走中国特色社会主义这条路，就是坚持和发展中国特色社会主义。总书记的这些重要论述，进一步揭示了中国特色社会主义源自哪里、特在何处，具有什么样的本质属性、坚持什么样的发展要求，为新形势下我们党坚持和发展中国特色社会主义从思想上政治上理论上提供了科学指导。我们学习总书记重要讲话，必须牢牢把握坚持和发展中国特色社会主义这一核心问题，进一步增强政治定力，在旗帜、道路、方向这样的根本问题上要保持清醒头脑，对否定中国特色社会主义正确性的错误思潮、错误观点、错误言行不仅能够敏锐鉴别，而且敢于理直气壮地进行反驳、进行斗争，自觉捍卫中国特色社会主义道路，决不能在重大问题上含糊其辞、明哲保身，当"太平绅士"。

第二，坚定"三个自信"，就要真正理解、领会坚持和发展中国特色社会主义的现实紧迫性。习近平总书记为什么多次强调全国各族人民一定要增强对中国特色社会主义的道路自信、理论自信、制度自信，坚定不移沿着正确的中国道路奋勇前进？主要是由于我们党在长期执政条件下，精神懈怠危险、能力不足危险、脱离群众危险、消极腐败危险更加尖锐地摆在全党面前，有的同志长期执政后政权意识、危机意识、忧患意识淡薄了，看不到危机危险，这是最危险的。我们怎么才能立于不败之地，就是要增强"三个自信"，就是要认清风险，居安思危，从自身做起，在提高拒腐防变和抵御风险能力的过程中，坚定不移地走中国特色社会主义道路。总书记特别强调，全党要增强紧迫感和责任感，使我们党在世界形势深刻变化的历史进程中始终走在时代前列，在应对国内外各种风险和考验的历史进程中始终成为全国人民的主心骨，在坚持和发展中国特色社会主义历史进程中始终成为坚强领导核心。我们必须认真学习领会总书记的这一重要论述，真正认识中国特色社会主义的深刻内涵和科学原理，担当起领导广大人民群众从事中国特色社会主义的"主心骨"作用。在"三个自信"上要全面看问题，既要看到风险隐患，又要看到优越性、生命力。实际上，中国特色社会主义的优越性和生命力正在日益显现出来。我们的国际影响力和话语权与过去已经不可同日而语，我国经济总量已经跃居世界第二位。特别是 2009 年以来在应对国际金融危机这场大考中，世界公认，中国表现是最好的。随着我国综合国力和国际地位的提升，近年来世界上很多学者在研究"中国模式"、"中国道路"，兴起了一股"中国热"。我们学习总书记的重要讲话，就要深刻认识中国特色社会主义是适应我国国情、反映人民意愿、符合发展规律的正确道路，中国特色社会主义道路是民族复兴的道路、国家富强的道路，中国特色社会主义理论体系是科学的理论、管用的理论，中国特色社会主义制度是优越的制度、生命力旺盛的制度。

第三，坚定"三个自信"，就要真正理解、领会道路、理论和制度三者之间的关系。道路、理论体系、制度共同构成了中国特色社会主义伟大事业。习近平总书记明确指出，中国特色社会主义道路是实现途径，中国特色社会主义理论体系是行动指南，中国特色社会主义制度是根本保障，三者统一于中国特色社会主义伟大实践，这是中国特色社会主义的最鲜明特色。总书记的重要论述，为我们理解把握中国特色社会主义提供了重要遵循。中国特色社会主义道路是中国人民历经风雨、艰难探索才开辟出来的一条符合中国国情的现代化道路。自 1840 年鸦片战争之后的 100 多年间，中华民族不乏有识之士，他们为实现中华民族复兴而发奋努力，但收效甚微。中国的革命、建设、发展证明，在经济文化落后的中国要实现国家富强、民族复兴，除了走符合国情的社会主义道路没有别的选择。中国特色社会主义道路就是在中国共产党领导下，立足基本国情，以经济建设为中心，坚持四项基本原则，坚持改革开放，解放和发展社会生产力，建设"五位一体"的富强、民主、文明、和谐的社会主义现代化国家，促进人的全面发展，逐步实现全体人民共同富裕。这条道路经受了历史和实践的检验，得到了全国各族人民的衷心拥护，也在世界上越来越具有影响力。中国特色社会主义理论体系就是包括邓小平理论、"三个代表"重要思想、科学发展观在内的科学理论体系，是对马克思列宁主义、毛泽东思想的坚持和发展，既坚持科学社会主义的基本原则，又结合我国实际和时代特征赋予其鲜明的中国特色。中国特色社会主义制度就是人民代表大会制度的根本政治制度、中国共产党领导的多党合作和政治协商制度、民族区域自治制度以及基层群众自治制度等基本政治制度，中国特色社会主义法律体系，公有制为主体、多种所有制经济共同发展的基本经济制度，以及建立在这些制度基础上的经济体制、政治体制、文化体制、社会体制等各项具体制度，体现了中国特色社会主义的特点和优势。道路、理论体系、制度这三者是一个紧密融合的共同体。中国特色社会主义特就特在其道路、理论体系与制度的独特优势上，特就特在其实现途径、行动指南、根本保障的内在联系上，特就特在这三者统一于中国特色社会主义伟大实践上。坚持和发展中国特色社会主义，最重要的是要在今后实践中，始终坚持正确道路，深入学习贯彻理论体系，着力促进完善中国特色社会主义制度，形成实践特色、理论特色、民族特色、时代特色。

第四，坚定"三个自信"，就要真正理解、领会实现中华民族伟大复兴中国梦的重大意义。建设中国特色社会主义，需要共同的目标引领。当前，引领全党全国人民为之不懈奋斗、汇聚起 13 亿人民磅礴力量的宏伟目标，就是习近平总书记在当选国家主席之后郑重提出的中国梦。什么是中国梦？就是总书记指出的实现国家富强、民族振兴、人民幸福的中华民族伟大复兴的历史夙愿，就是强国之梦、复兴之梦。中国梦既是国家的梦、民族的梦，更是人民的梦，让人民共同享有人生出彩的机会，共同享有梦想成真的机会，共同享有同祖国和时代一起成长与进步的机会。这是中国梦的实质，把国家民族和每个人的命运紧紧联系在一起，这样就找到了全体中华儿女的最大共识点、最优结合点，因而得到全国人民的衷心拥护。特别要指出的是，中国梦与中国特色社会主义事业息息相关。总书记明确指出，实现中国梦必须走中国道路，就是中国特色社会主义道路；必须弘扬中国精神，核心就是中国特色社会主义理论体系；必须凝聚中国力量，来源于中国特色社会主义制度的强有力支持。也就需要我们围绕实现中国梦和"两个一百年"的目标，进一步坚定道路自信、理论自信、制度自信，以目标凝聚力量，以自信激发勇气，把自信转化为向着伟大目标共同奋斗的自觉行动，做共产主义远大理想和中国特色社会主义共同理想的坚定信仰者、忠实践行者。

实现中华民族伟大复兴的中国梦，不仅需要物质层面的国强民富，而且需要制度层面的文明振兴。实现中国梦，需要推进国家治理体系和治理能力现代化，需要实现法治，推进依法治国。法治是迄今为止人类能够认识到的最佳的治国理政方式，法治是实现中国梦的重要依托。因此，总书记强调要坚持依法治国、依法执政、依法行政共同推进，坚持法治国家、法治政府、法治社会一体建设。中国梦也是法治梦。如果国家法律得不到统一正确实施，就谈不上国家治理体系和治理能力的现代化，国家富强、民族振兴、人民幸福更无从谈起。学习总书记重要讲话，就要深刻理解把握中国梦的基本内涵、实现路径和实践要求，充分认清中国梦与检察机关息息相关，我们只有充分履行职能，依法维护人民群众合法权益，才能促进使人民幸福的中国梦真正得以实现。

第五，坚定"三个自信"，就要真正理解、领会坚持中国特色社会主义检察制度的历史必然性和现实必要性。我们强调坚定"三个自信"，就包括要坚定对中国特色社会主义检察制度的自信心。习近平总书记今年对检察工作作出书面批示，既充分肯定了检察机关履行法律监督的重要性和取得的成绩，又希望检察机关再接再厉，建设过硬队伍，强化法律监督能力，提高查办和预防职务犯罪水平，促进严格执法、公正司法，维护宪法和法律权威。这是对我们的肯定，也是对中国特色社会主义检察制度的勉励。一种检察制度好不好，关键看它是否适应本国经济、政治、社会和文化发展的需要，是否适应国家民主法治的进步。我国检察制度是以马克思主义为指导，吸收、借鉴中国传统政治文化和苏联检察制度、现代检察制度的合理成分，根据我国国情建立和不断完善而来的，是我们党领导人民探索中国特色社会主义道路的一项重要成果。特别是在当前，保证法律统一正确实施已经成为法治中国建设的主要矛盾，检察机关在保障国家宪法法律统一正确实施、促进严格执法公正司法中的作用更加突出、责任更加重大。各级检察长必须要有制度自信，始终坚持正确的政治方向，不断发展和完善中国特色社会主义检察制度。一要深刻认识到，设立检察机关专司法律监督职责，这不仅是中国检察制度的特色，而且是中国政治制度的一个重要特色。我国实行人民代表大会制度之下的"一府两院"体制，既相互制约，更相互配合，有利于确保国家法律在全国统一正确实施。把检察机关定位为法律监督机关，是对司法权力运行有效监督制约的需要，也是维护国家法律统一尊严、保证国家根本制度的需要。二要深刻认识到，检察职能的发挥必须服从服务于全党工作大局，与经济社会发展相适应，顺应人民群众日益增长的司法需要以及执法环境、执法能力、执法保障方面的新变化、新要求，切忌单纯业务观点，只就检察谈检察，偏离党的中心工作。三要深刻认识到，检察机关的法律监督必须遵循社会主义法治原则和司法规律，严格依法行使，在法律规定范围内，运用法律规定的手段，依照法定程序进行监督。我们既不能简单照搬西方模式，把检察机关简单定性为公诉机关，否定我国检察机关的法律监督性质，也不能任意扩大检察监督权，替代其他监督的作用。总之，我

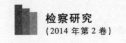

们要紧紧围绕习总书记关于"三个自信"的重要论述，充分认清检察机关的职责使命，全面履行法律监督职能，着力在维护社会大局稳定、促进社会公平正义、保障人民安居乐业等方面发挥更大作用。

二、正确把握新形势下检察事业发展中的几个重大关系

坚定"三个自信"，就要以全局视野把握好涉及检察工作方向性、根本性的一系列重大关系，在检察工作发展进程中既不能固步自封，更不能改旗易帜，切实做到不停步、不折腾、不转向，确保检察工作始终沿着正确方向阔步前进。

（一）正确把握坚持党的领导与依法独立公正行使检察权的关系

坚持党的领导与依法独立公正行使检察权并不矛盾，是坚持中国特色社会主义检察制度的一体两翼。没有党的领导，何谈依法独立公正行使检察权；而依法独立公正行使检察权，也正是为了加强党的领导。

1. 在依法独立公正行使检察权中要始终与以习近平同志为总书记的党中央保持高度一致。我国检察制度是中国特色社会主义检察制度，坚持党的领导、为大局服务、为人民执法，这是我国检察制度与西方"三权分立"体制下的检察制度的根本区别；我国检察机关是人民民主专政的"刀把子"，是党领导下的法律监督机关，首先必须坚决听从党中央号令，保证检察权永远掌握在忠于党、忠于国家、忠于人民的人手中，坚决捍卫人民民主专政政权，捍卫党的执政地位。作为检察长，始终要把遵守政治纪律放在第一位，就是要深入学习贯彻党中央的重要指示，特别是对以习近平同志为总书记的党中央作出的重大决定，检察机关必须无条件坚决服从，并且要把学习贯彻执行情况及时向上级党组织报告，绝不能有令不行、有禁不止、上有政策、下有对策。坚持党的领导、与党中央保持一致不是一句口号，必须坚决听从中央号令，在政治上、思想上、行动上真正和党中央保持高度一致，不能搞变通，自己另搞一套。

2. 始终在党的领导下依法独立公正行使检察权。依法独立公正行使检察权，不是搞"非党化"，必须要牢牢把握住检察工作的正确方向和执法原则、执法尺度，防止孤立办案、就案办案。要大胆履行职责，从制度层面上确保党对执法办案工作的正确领导，按要求办事、按制度办事、按规矩办事。这里需要指出的是，在党的领导下开展检察工作不能等同于领导干部每个人可以随意违法干预执法办案工作。党员领导干部都要按法律和党的制度办事，党员领导

干部如果为了个人利益、为了私情违法干预检察机关依法办案，这其实是削弱、干扰党的领导行为，是一种以言代法、以权压法、徇私枉法的行为，使党的正确主张得不到有效执行，最终损害的是党的事业。我们要以国家大局为重，勇于坚持原则，一定要牢记自己的政治责任和法治责任，任何时候都不能屈服于权势，屈服于压力。

3. 始终把执行国家法律与执行党的政策有机结合起来。习近平总书记深刻指出，我们党的政策和国家法律都是人民根本意志的反映，在本质上是一致的。在党的政策上升为法律之后，检察机关就必须严格执行，以自身实际行动维护党的事业发展，保证党的执政地位。当前，一些地方有法不依、执法不严、违法不究的问题仍然比较突出，许多法律制定出来后没有得到严格执行，一些触犯法律的行为没有依法受到追究。因此，检察机关加强党的领导，一定要加大法律监督力度，切实担当起法律监督的神圣职责，确保党的政策在上升为国家法律之后能够得到有效的实施执行。当然，我们也要注意把执行国家法律与执行党的政策统一起来。因为党的政策是立法的依据和先导。国家法律制定需要有一个长时间的过程，立法也往往比较滞后，当前经济社会发展迅速，法律执行时经常会遇到一些不够明确、清晰的界限问题，而党的政策实效性、针对性强，体现了党在各阶段对治国理政的具体指导意见。因此，我们在执法办案、履行法律监督职责过程中，既要严格执行法律法规，同时也要加强学习领会党的政策，尤其要把依照国家法律办事和依照党的政策开展工作有机结合。比如，在依法惩治各种刑事犯罪过程中，就要认真贯彻宽严相济的刑事政策，对轻微刑事犯罪实行轻缓处理，最大限度地化解矛盾纠纷，减少社会对立情绪，增加社会和谐因素。

4. 始终注重在行使检察权中发挥检察机关党组织的核心作用。党领导检察工作，各级院就要发挥党组的领导核心作用，发挥基层党组织的战斗堡垒作用和党员的先锋模范作用。现在，有一些院党组作用发挥很好，战斗力很强，也有一些院党组不认真贯彻中央和上级的决策部署，重点抓什么、干什么不明确，这实际上是党组领导不力的表现。加强党的领导，就要求各级院党组必须始终保持清醒头脑，始终坚定党性原则，采取有力有效措施把党的要求和上级部署和执行国家法律结合起来，不折不扣地落实到各项检察工作中。同时，各级院基层党支部、机关党委也要发挥作用，结合本条线工作研究上级部署的贯彻执行具体举措，确保令行一致、步调整齐。党员干部要严格要求，承担重任，在各项检察工作中发挥党员的示范作用，带动全体党员把党的要求落实到每个检察环节。

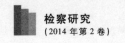

（二）正确把握检察工作法律性和人民性的关系

习近平总书记反复强调，人民对美好生活的向往就是我们的奋斗目标，我们共产党人对人民群众疾苦要有仁爱之心、关爱之心，千方百计地为群众排忧解难，始终保持党同人民群众的血肉联系。我们是人民检察院，检察机关的法律属性与人民属性密不可分，强化法律监督、坚持法律面前人人平等，就要切实维护人民群众的根本利益与合法权益。

1. 满怀对群众的感情是坚持人民性的基本前提。执法为民是检察机关最重要的职业良知。如果我们心中没有人民，就会漠视甚至任意侵犯人民群众合法权益。当前，一些检察干警甚至领导干部仍然存在对群众感情嘴上说得多、心中想得少、手上做得更少的突出问题，没有从行动上真心实意地服务群众，维护人民利益在一些地方还只是一句口号。从表面上看，这些是执法方式问题，但追根溯源，就是因为有的同志没有从内心深处认真解决好对人民群众的感情问题。我们要始终怀着对人民群众的深厚感情和满腔热情去执法办案，真正让人民群众从检察机关办理的每一起案件、处理的每一起纠纷、接访的每一个诉求、化解的每一个矛盾中，感受到检察机关是在为人民服务。

2. 依法解决群众诉求是坚持法律性、践行人民性的关键。人民群众向检察机关的举报、申诉及其他诉求，往往是法律监督的风向标，也是开展检察工作的着力点。各级院检察长不能只是讲要严格控制信访，认为信访越少越好，从而导致信访渠道不畅通，不认真对待群众诉求。要依法有序做好涉检信访工作，不仅要开展好巡回接访、定期接访等工作，而且要挤出时间亲自阅读处理群众来信，从这些来信来访中听民声、察民情、解民忧，实实在在地帮助群众解决实际问题。当前，要在涉法涉诉信访改革中，走出一条扩大与人民群众联系的新路子。特别是要围绕人民群众反映强烈的民生领域犯罪问题，加大依法惩治力度，切实维护群众合法权益。在这一点上要向中纪委学习，不仅打老虎，而且打苍蝇，公款消费、公款送礼、公车办私事等问题，这就回应了人民意愿。我们也要按照群众意愿开展执法办案工作，以群众诉求作为风向标，围绕群众反映强烈的执法不严格、司法不公正的突出问题，加大诉讼监督力度；围绕人民群众反映的实际困难，加强与相关部门的沟通协调，千方百计帮助群众解决问题。法律监督工作必须紧紧依靠群众，依靠群众就有力量。毛泽东同志曾经说过，我们要做顶天立地的人，顶天就是要掌握马克思主义，站得高、看得远；立地就是具有坚实的群众基础，和群众打成一片。我们要更加重视群众工作，只有做好群众工作，相信群众、依靠群众，我们才能更好地做好检察工作。

3. 真心实意接受人民群众监督是坚持人民性的必然要求。人民群众满意不满意、高兴不高兴、信任不信任是我们衡量检察工作成败与否的最高标准。人民检察院就要让人民监督。长期以来我们习惯了封闭办案，现在就是要深化检务公开，让检察权在阳光下运行。因此，必须深入推进检务公开工作。检务公开，最主要的是要把执法办案信息公开。检察院以执法办案为中心开展法律监督工作，就要把执法办案信息向群众公开。尽管有的同志还是有顾虑，有种种担心，但是这个工作是绕不过去的。当前，必须把检务公开作为检察改革的一个重点来抓，在 2014 年必须见到成效。5 月 22 日，高检院曹建明检察长重点围绕深化检务公开改革，到我省开展专题调研，充分肯定我省检察工作特别是检务公开工作取得的成绩，同时对做好深化检务公开改革提出明确要求。我们要认真学习贯彻曹检重要讲话精神，更加扎实有效地推进检务公开工作。当前，要把终结性法律文书公开工作实实在在地往前推进。省院已经下发关于案件信息公开的指导意见，希望各级院认真贯彻执行。案件实体、程序、文书都要全面过硬，这样才能全面公开，这也是倒逼我们把能力水平提高。现在我们已经在四个基层院开展试点，有条件的分州市院也可以在部分基层院试点，报省院批准后组织推行。人民监督员工作也要全面推进，要真正让人民监督员监督检察工作，这也是防止我们办关系案人情案的有效监督。另外，还要改进考评意见，让更多的普通群众参与到检察工作中来，最终把对检察工作评判权交给人民群众，以群众看得见、摸得着的方式真正实现人民检察为人民、对人民负责、由人民评判。

（三）正确把握坚持中国特色社会主义检察制度与深化检察改革的关系

坚定"三个自信"不是自我满足、自我陶醉，更不是固步自封，中国特色社会主义检察制度还不是尽善尽美、成熟定型的，还需要与时俱进，在实践中不断发展完善。我们的改革是为了解决影响和制约检察工作科学发展的突出问题，最终是为了进一步坚持好、发展好中国特色社会主义检察制度。在检察改革中必须认真把握好以下三点。

1. 根本方向不能变，但制约公正司法的体制性机制性问题必须解决。我们搞改革，决不能在根本性问题上有任何动摇，有些不能改的，再过多长时间也不能改。比如，坚持中国特色社会主义道路，坚持党的领导，坚持检察工作人民性、法律性相统一，坚持服务大局，不能因一些问题就否定检察制度，等等。我们必须在改革中不断增强政治敏锐性、政治鉴别力，不为任何风险所惧，不为任何干扰所惑，始终坚定不移地以中国特色社会主义检察制度自我完善和发展为方向推进检察改革。在坚持这样的一个根本前提下，我们要清醒地认识到影响和制约检察工作科学发展的突出问题，比如检察机关因受制于地方人财物而影响司法公正的问题，检察机关行政化管理色彩浓厚不符合司法规律的问题，检察人员专业化、职业化水平不高影响法律监督工作质效的问题，等等。在新一轮检察改革中，我们就要以解决影响司法公正和制约司法能力的突出问题为重点，进一步优化检察职权配置，为检察工作科学发展注入新的强大动力。

2. 优良传统不能丢，但不适应、不符合时代发展要求的陈规陋习必须摒弃。一方面，我们不能在改革的过程中把过去的好传统、好做法丢掉，"泼脏水时不能把孩子一起泼出去"。比如，依靠群众开展检察工作，不是就案办案、孤立办案，坚持把检察工作融入全党大局中来谋划和推进等，这些实践证明具有旺盛生命力的制度，必须继续坚持与发扬。另一方面，不适应时代发展的陈规陋习必须坚决摒弃。比如，过去我们在执法办案中重打击轻保护、重实体轻程序、重惩治轻预防、重刑事案件轻民事行政案件，这些都必须切实加以改变。同时，过去习惯于手工作业、经验办事，现在必须依靠科技、运行信息化手段推进检察工作发展。

3. 全盘西化不能有，但其他国家及地区好的做法必须积极借鉴为我所用。习近平总书记深刻指出，全面深化改革是为了党和人民事业更好发展，而不是为了迎合某些人的掌声和喝彩，更不能拿西方的理论、观点来套在自己身上，要坚持从我国国情出发，从经济社会发展实际要求出发。简单临摹、机械移植，只会造成水土不服，甚至在根本问题上出现颠覆性错误。近年来，我们加大对外学习交流力度，吸收借鉴了不少其他国家及地区有益法制成果，有力地推动了全省检察工作科学发展。比如近年来，我们借鉴我国台湾地区的做法，推动我省各级检察院检察为民服务中心建设，实现了检察服务更加便民、利民。但是，我们必须坚决防止另一种倾向，不能只看到其他国家及地区好的一面，甚至认为我们的检察制度一无是处。有的检察院文化长廊上都是柏拉图、亚里士多德等怎么说的，而马克思主义的经典法学理论、中国特色社会主义法律学说则有些淡化。对此，我们必须保持清醒头脑。与我国相比，有的国家检察机关只有公诉职能，有的国家批捕权不在检察院而在法院，有的国家的检察院附属于法院，并不像我国检察机关宪法法律定位高、地位明确、职能全面，国外、境外同行对我国拥有完备的检察制度和保障体系表示称赞和羡慕。比如，我国检察机关专门承担诉讼监督职责，覆盖刑事诉讼活动全过程，对法院刑事审判、公安侦查活动以及刑罚执行和监管活动进行全程监督，特别是民行检察监督工作很有特色，这就是我国检察制度的优势，在实践中也被充分证明有着旺盛的生命力。这使我们越发感受到中国特色社会主义检察制度具有鲜明特色，随着日益完善、发展，这一制度将呈现出更大的优越性。对此，我们必须要有信心，坚定不移地走下去，不断增强我们坚持和发展中国特色社会主义检察制度的底气。

（四）正确把握服从全党大局与充分履行检察职能的关系

检察机关必须积极主动地服务党和国家工作大局，但这不能仅仅理解为服务地方经济建设、服务地方工作部署，从而把国家司法权变成维护地方利益的行政权。

1. 正确理解什么是大局，防止把服务大局庸俗化。什么是大局，我们必须弄清楚、搞明白。当前，一些同志把服务大局仅仅理解为服务经济发展，甚至片面强调为地方经济增长服务，就是为 GDP 服务，为各项发展指标服务，这是片面的。检察权是司法权组成部分，司法权是中央事权，从本质上讲是国家直接管理的一种权力。所以，我们讲服务大局，必须服务党和国家整体事业发展，必须维护最广大人民的根本利益。这里讲的大局，就是建设中国特色社会主义的总任务与总目标，就是经济社会各项事业的科学发展。我们讲服务大局，一定要坚持正确的政治方向，坚持党的领导，坚持把党中央的决策部署与地方检察工作紧密结合，最终把党中央的各项决策部署落实到各项工作中。

2. 正确理解怎么服务大局，防止把服务与履职对立起来。作为法律监督机关，我们服务大局，最根本的就是要通过依法履行检察职能，严格公正执法，为人民群众创造一个公平正义的法治环境，维护经济社会的和谐发展。打击严重刑事犯罪可以维护社会大局稳定，保障人民群众安居乐业；查办职务犯罪、强化诉讼监督可以促进各级行政机关、司法机关依法行政、公正司法。做好了这些工作，党委政府就可以全心全意搞建设、谋发展，我们就是充分发挥了检察职能作用，就是立足检察职能服务了大局。从现实工作情况看，江苏检察机关这些年在强化法律监督工作、服务大局上做出了很大努力，取得了明显成效。比如，2009 年至 2013 年，全省检察机关共向各级党委、政府及有关部门报送风险研判报告 3200 余份，发出预防检察建议 5400 余份，促进解决了经济社会发展中的一些风险隐患和突出问题，有很多这样的报告建议，得到地方党委政府的高度重视，最终采纳了我们的意见建议，预防和解决了一些突出问题。但是，仍然有一些地方在服务保障大局中没有立足检察职能，"干了别人的事，荒了自己的田"，服务大局偏离了方向。总之，检察机关要在服务大局中充分发挥职能作用，在履行职能当中围绕着大局来谋划和推进工作，确保执法办案的"三个效果"相统一。

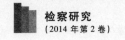

三、坚定"三个自信"，在发展检察事业中尽职尽责，当好表率

为政者要善学善思，更要善作善成。坚定"三个自信"不是一句口号，我们要脚踏实地，以实际行动践行"三个自信"，立足自身岗位，推动检察工作不断深入开展，努力为发展完善中国特色社会主义检察事业作出应有贡献。归纳起来，主要应做到以下六点：

（一）加强学习，坚定理想信念

习近平总书记深刻指出，理想信念是共产党人精神上的"钙"，理想信念坚定，就能经受住各种政治风浪的考验和消极腐朽思想的侵蚀，就能始终保持坚定正确的政治方向和共产党人的政治本色。这些年，检察系统少数领导干部之所以走上违法犯罪道路，往往就是从理想信念动摇开始的，就是从放松思想上的要求、丧失政治警惕性开始的。理想信念不会凭空而来，而是来自于科学理论的武装。为此，必须要高度重视在精神上"补钙"，勤于学习、善于学习、固本强身。现在，我们很多同志满足于干好日常工作，满足于过去学过的知识，不愿下功夫学习党的基本理论和党中央的重要指示，对中央的大政方针和政治理论问题一知半解，所以遇到一些错误思潮常常辨不清、跟风跑，导致精神空虚，迷失方向。随着信息化、网络化时代的到来，我们很多同志也逐步在学习上走"捷径"，热衷于碎片化、娱乐化的知识获取，缺乏深入学习深层思考，导致心浮气躁、急功近利。我们必须把学习政治理论和党的重要指示作为终生任务，养成自觉学习的习惯，在完成工作任务之余，尽量抽出时间读书学习，用科学理论武装头脑，深入了解马克思主义基本原理同中国实际和时代特征是怎么结合的，从而更加坚定理想信念，进一步增强对中国特色社会主义的道路自信、理论自信、制度自信，自觉做共产主义远大理想和中国特色社会主义共同理想的坚定信仰者、忠实践行者。学习要坚持理论联系实际，学用结合、学以致用，把党的正确理论和习总书记系列重要讲话贯穿于执法实践中，做到在各种诱惑面前立场坚定，在大是大非面前旗帜鲜明，在风浪考验面前无所畏惧。

（二）忠于职守，坚定法治信仰

检察机关不同于一般国家机关，履行的是法律监督重任，职责重要，使命光荣。我们无论想问题、做决策、办事情，都要保持天下为公的宽广胸襟，摒弃私心杂念，增强责任意识、使命意识，真正担当起国家之大任，创造经得起人民和历史检验的业绩。为此，一定要坚定法治信仰、坚守法治底线。信念坚定，就要落实在信仰法治、尊崇法治、恪守法治、完善法治上。尤其是各级检察长，要带头坚定法治信仰，在履行职责中坚决守住公平正义的底线，任何时候都不能退缩，不能办关系案、人情案、金钱案，不能在人情社会中丧失法治精神这个主心骨。如果不信仰法治，没有坚守法治的定力，面对权势、金钱、人情、关系是抵不住诱惑、抗不住干扰的。任何国家任何制度都不可能把执法司法人员与社会完全隔离开来，对执法司法的干扰在一定程度上讲是客观存在的，关键是遇到这种情况时要坚守法治不动摇，要能排除各种干扰。坚定法治信仰并不容易，有的时候要为信仰牺牲个人利益，要拒绝很多人情世故，甚至导致个人生命、家庭等受到威胁。比如，徐州新沂市检察院的张林同志因为坚持原则、秉公执法受到报复，腿都被坏人打骨折了，但是仍不改初衷，勇敢地坚持法律底线，依证据把案件办好，这就是我们学习的榜样。又如，丰县检察院的副检察长沙勇在办案中发现他的两个老同学涉嫌违法，他不讲情面，坚持依法办事。再如，省院技术处法医顾晓生，多次在全省、全国重大疑难案件中开展法医鉴定，只相信科学技术，只追求还原事实真相，坚持严格执法，以精湛的法医业务赢得社会各界好评。我们就是要有这样的勇气，深刻理解和把握严格执法、公正司法的内在要求，站稳脚跟、挺直脊梁，只服从事实、只服从法律，一是一、二是二，不偏不倚、不枉不纵，铁面无私、刚正不阿，守住维护公平正义的法律底线。尤其是对因受到干扰而难以深入查处的重要案件，要勇于给下面撑腰，帮助排除阻力，确保案件查得实、办得好，以实际行动维护法律的尊严与权威。

（三）善谋全局，坚持抓大事、抓关键

我们大家都有切身感受，以习近平同志为总书记的党中央，一年多来对事关中国特色社会主义发展的一系列重大理论和实践问题看得准、抓得实，在重大关键问题上既敢于亮剑又善于统筹，纵横捭阖，张弛有度，抓纲带目，扎实有效，在治国理政上取得了明显的成绩，赢得了广大干部群众的衷心拥护。这就是党中央执政能力和执政水平真实写照，为我们作出学习的榜样。作为检察领导干部，必须不断提高自身领导能力和水平，结合自身岗位谋全局、抓大事、抓关键，发挥好领导核心作用。检察长既要学会"弹钢琴"，又要善于抓住"牛鼻子"，不能整天陷入到一般性事务工作中，防止"瞎子摸象——摸哪算哪"。要集中精力，善于思考研究解决涉及全局的重大问题。什么是检察机关的大事？就是涉及检察事业发展的方向性、根本性、关键性的重点工作，主要体现在执法办案中和队伍建设中，还体现在正在推进的深化检察改革工作中。检察长和一级院党组一定要深入到执法办案中、深入到干部队伍中、深入到改革创新实践中，发现和掌握事关全局发展的关键性问题，亲自谋划推进工作的思路，亲自把控业务工作和队伍建设的重大问题走向，切实发挥领导核心作用，确保检察工作始终沿着正确方向推进。谋全局、抓大事，并不只是学习贯彻上级的指示，更需要接地气，善于抓住关键的具体问题作出正确决策，对那些看起来是具体的个别案件、个别事件，必须把握其是否涉及全局的问题，对重大敏感复杂案件和反映自身队伍建设中的苗头性问题，检察长要及时调查研究，亲自拿出解决举措，紧抓不放，促进源头治理，决不能大而化之、听之任之。这些年我们有很多检察长在谋全局、抓大事、抓关键方面都做得很好，在岗位上尽职尽责、干事创业，推动工作有新发展、新突破。当检察长，不仅要与大家一块苦、一块干，更要带领大家沿着正确方向一起扎实干事，一起艰苦创业，干出一番有利于党和人民的事业，力争在推进依法治国中做出应有的贡献，这就是检察领导干部的最主要职责。

（四）脚踏实地，坚持以钉钉子的精神抓落实

革命理想高于天，但革命理想必须落地生根。习总书记多次强调，空谈误国、实干兴邦，一切难题只有在实干中才能破解，一切办法只有在实干中才能见效，一切机遇只有在实干中才能抓住和用好。目前，我们仍然有一些领导干部作风漂浮，抓工作流于形式，只愿坐在办公室听汇报、看报表、等着下边报情况，这样做是不可能抓好工作落实的。检察长必须真抓实干，深入到执法办案的第一线、服务群众的最前沿、检察改革的主战场去了解情况、去指导工作。尤其要带头解决执法办案中的重点难点问题，帮助一线办案的同志克服困难，取得突破。同时要组织领导班子一班人把精力向执法办案上集中、力量向执法办案上倾斜、经费保障向执法办案集聚，对影响执法办案力量的主要问题要逐步解决，不能久拖不决。在实际工作中，制定决策和作出部署，只是为推动工作开了一个头，更重要、更艰巨的任务是抓落实，所以说"一分部署，九分落实"。我们往往不缺乏正确的部署要求，缺的是抓落实的有效措施和坚决行动。我们一定要发扬习总书记倡导的钉钉子精神，在工作部署后，就要深入实际抓落实、坚持不懈抓落实、突出重点抓落实、动真碰硬抓落实、严肃责任抓落实，钉子没有钉紧，锤子就不能放下，一锤接着一锤敲，直到钉紧钉牢为止。抓每件事都要一抓到底、踏石留印、抓铁有痕，不达目的决不罢休。抓落实还要始终坚持问题导向。善于发现和正视工作中的各种问题，是衡量领导干部胸怀、能力、水平的重要标准。习近平同志担任总书记以来，一直坚持问题导向，他发表的一系列重要讲话对各地区、各部门的情况了解非常全面、透

彻，直指各方面工作中存在的主要问题，并明确提出解决的意见。没有勇气、没有能力、没有水平是做不到这一点的。我们也要建立了解下情的畅通渠道，能够掌握第一手资料，不能只是听汇报上来的"好话"、"大话"、"套话"，被假象蒙骗。为此，必须经常开展真正深入实际的调查研究，听得到真话、实话，看得见真实情况，从而把握住工作中存在的薄弱环节，有什么问题就解决什么问题，什么问题突出就着力解决什么问题，善于以点带面，推动工作不断深入发展。

（五）严抓队伍，着力打造过硬检察队伍

近年来我们抓队伍建设取得了一些成效，但决不能掉以轻心。我们一定要始终保持清醒头脑，切实担当起严抓队伍的重任。检察长要认真履行抓队伍建设第一责任人的职责，做到守土有责，管好自己的人，看好自己的门。严抓队伍，必须严字当头。全省各级院党组和每一名检察领导干部都要切实弄明白"严是爱、松是害"的道理，以对检察事业负责、对检察干警负责的态度抓好队伍建设。把问题解决在初期、解决在萌芽状态，这是对干警最大的爱护。检察机关决不允许有腐败分子藏身之地，对检察人员执法不公、为检不廉问题，必须发现一起坚决查处一起，决不姑息迁就，决不纵容祖护。对检察队伍中的不正之风，要敢于板起面孔批评、敢于挺直腰杆纠正，决不能放任不管。对检察队伍中的一些倾向性、苗头性问题，所在院领导班子一定要力争做到见微知著，早发现、早处理、早纠正，把问题解决在小、遏制在早。要充分运用查处的检察人员违纪违法典型案例开展警示教育，以案说法、举一反三，引导检察人员时刻筑牢思想道德防线，守住法治底线，慎用权力、用好权力。我们还要注重加强对检察人员八小时外行为的监督，加强对检察人员与法官、律师、当事人、中介和特殊关系人的私下接触交往行为的监督，最大限度减少权力出轨、个人寻租的机会。

（六）严以律己，确保自身正、自身净、自身硬

从严治检，首先要从严治长。检察机关风气正不正，关键在领导干部自身正不正。检察长的一言一行、一举一动，检察长的品行和修养，都会对干警产生直接而重要的影响。严格要求，以身作则，这是当检察长的资格，也是当检察长的前提，否则就会失信于民。孔子对鲁哀公说过，"政者，正也。君为正，则百姓从政矣"，讲的就是这个道理。以身正人是最直接、最有效的管理，对广大干警是一种无声的感召和无形的凝聚。作为一个单位的"一把手"，如果不能严格要求自己，就可能丧失威信，失去号召力，也就不可能把

工作抓好。所以，检察长在日常工作中必须做全体干警的表率：要求干警加强学习，自己就要带头好学上进；要求干警认真履行法律监督职责，自己就要首先做到严格执法、公正司法；要求干警依法依纪办事，检察长就必须认真贯彻上级院和本院所制定的有关办案规定，带头遵纪守法；要求干警廉洁自律，自己就要一身正气、一尘不染。只有这样，才能以上率下，带出一支好队伍，完成党和人民交给的任务。严于律己不能仅靠自觉，必须接受组织监督、群众监督，必须严格按照规定参加党内各项活动，接受党组织的管理与约束。在执行组织制度和纪律规定上，检察长不仅没有特权，而且应该有更高的标准。检察长应当严格执行领导班子民主集中制、领导班子民主生活会、领导干部参加双重组织生活会、个人重大事项报告、外出事前报告等制度，尤其要严格执行请示报告制度，不仅单位的重大部署、重大事项和重要情况要主动及时向党委和上级检察院请示报告，有关个人的重大事项也要及时向组织报告。上级院党组应当加强对下级院检察长的监督，严格要求，发现问题及时提醒；对违纪违法行为，必须严肃处理，以保持检察机关的纯洁性。检察长从严律己，必须从小节抓起。管住小节才能保全大节，守住底线才能不越红线。日常工作和生活中，如果一个行为发生问题、存在小错，日积月累、久而久之，就会越走越偏、滑向深渊。从日常的每件小事抓起，管住小节、管好自己，才能永远立于不败之地，这也是对自己负责，对人民负责。在管好自己的同时，还要注意管好配偶、子女和亲友，不得让他们利用自己的身份或职务上的便利参与违法活动或营利性活动，如发现他们存在这类行为，要坚决制止，并及时向组织报告，依靠组织妥善处理。

论我国检察监督制度的结构性缺陷及其弥补

——由诉讼领域向非诉领域的转变

段厚省　邹建华　远桂宝[*]

党的十八届三中全会从"发展社会主义民主，建设社会主义法治国家"的高度为检察体制改革指明了方向，特别是为检察权的依法运行建立了排除和抗干扰机制，为检察权的公正行使创造了良好的外部条件，但是应当清醒地认识到，由于具体制度设计的不足，我国检察体制优越性还没有得到充分体现，主要表现之一就是检察监督制度本身还存在结构性缺陷，即对行政行为法律监督的缺位。这不仅是制约检察事业科学发展的重要问题，也是影响中国法治建设的一个障碍。通过修改检察院组织法以弥补这一缺陷，从而使检察权配置更加科学，运行更加有效，是当前亟待研究解决的重要课题。

一、检察监督制度结构性缺陷的理论剖析

自从人类社会建立了国家以后，公共权力便产生了。在公共权力的运行过程中，人类深刻认识到公共权力具有膨胀性、扩张性、侵蚀性和支配性等特点，权力的行使者，可以将自己的意志强加在另一人头上，严重威胁了另一部分人的权利，于是权力必须受制约成为人类社会的共识。随着时代的进步，当国家权力由少数人所有过渡到至少在形式上由大多数人所有时，制约权力就成为人类政治生活的铁律和主题，成为人类社会发展过程中带有普遍性的矛盾。只不过在如何制约权力的问题上，东西方国家出现了个性化的差异，体现为两种不同的思路，这在东西方国家宪法中有鲜明的体现。在资本主义国家的宪法

* 段厚省，复旦大学法学院教授、博士生导师；邹建华，江苏省南通市开发区人民检察院检察长；远桂宝，江苏省南通市开发区人民检察院助理检察员。

中，对权力的制约是通过分权原则来实现的，即将国家权力分为立法权、行政权与司法权，并由相应的国家机关独立行使，使这些权力在运行过程中互相牵制，以防止权力的滥用，避免对公民权利造成伤害；在社会主义国家的宪法中，对权力的制约是通过监督原则实现的，即设立专门的法律监督机关对其他机关遵守法律的状况进行监督，以维护社会主义法制统一，确保国家法律统一、正确实施的。同其他社会主义国家一样，我们对国家权力的制约采取的是监督原则。

我国宪法确立的人民代表大会制度，与西方的三权分立有着根本不同，行政机关、审判机关和检察机关都由国家权力机关（人民代表大会）产生，接受其监督，同时又具有相对的独立性，即国家各项权力的统一是绝对的，独立是相对的。这就决定了我国行政机关、审判机关和检察机关不是权力分立关系，而是分工关系。行政机关是法律执行机关，审判机关是法律适用机关。检察机关是法律监督机关，负责对行政机关执行法律和审判机关适用法律的监督，以制约行政权和审判权，防止这些权力的滥用。这就是人民代表大会制度的理论逻辑。由此可见，我国检察机关不仅需要监督法院，而且需要监督政府。

在政府与法院的两者关系上，检察机关监督的重点应当指向政府，这是因为政府是公共资源的掌控者，决定着国家发展方向和大众民生，行政权又具有管理领域广、自由裁量度大、以国家强制力保证行使等特点，这些特点决定了它既是与公民、法人切身利益最密切相关的一种国家权力，又是最动态、最容易违法或滥用的一项权力。① 但是反观现行的 1979 年《人民检察院组织法》所架构的检察监督制度，我国检察机关的职权主要还是局限在诉讼领域，监督的对象主要是侦查和审判机关，而不是行政机关，在某种程度上检察监督制度无疑于诉讼监督制度的代名词。如此，原本人民代表大会制度所设计的权力制约机制未能得到遵守，检察机关的法律监督职能未能得到充分发挥。原本双轨运行的法律监督权（一个是针对法院，另一个针对政府），变成了单轨运行的诉讼监督权——这就是目前我国检察监督制度存在的结构性缺陷。这种缺陷的外在表现就是检察机关的法律监督活动主要局限在诉讼领域，未能有效延伸到非诉讼领域。虽然在我国法治实践中也存在针对非诉讼法律行为的法律监督，但是此类监督的范围非常有限，主要是针对看守所和监狱监管活动。与庞大的行政机关作出的难以计数的行政行为相比，这样的监督范围可谓是九牛一毛、微不足道，显然不能够为我国宪政语境下检察权、行政权之间关系的阐释与解

---

① 参见袁曙宏：《论加强对行政权力的制约和监督》，载《法学论坛》2003 年第 2 期。

读提供充分的制度依据。① 所以，我国人民代表大会制度设计的检察权的双轨运行结构实践中并不存在。

二、检察监督制度结构性缺陷的原因分析

1979 年的《人民检察院组织法》塑造了我国现行的检察制度。从历史上来看，我国现行检察制度的结构性缺陷并非自新中国成立以后就存在的，而是从 1979 年检察院组织法施行以后才产生的。建国以后，有关检察院组织法和组织条例的规范性文件共有 5 个。最早的是 1949 年颁布的《中央人民政府最高人民检察署试行组织条例》（以下简称《试行组织条例》），该法第 3 条规定了检察机关的 5 项职权，其中第 1 项规定"检察全国各级政府机关及公务人员和全国国民是否严格遵守《人民政协共同纲领》及人民政府的政策方针与法律、法令"，该项确立了检察机关对行政行为的法律监督权。后来 1951 年颁布的《中央人民政府最高人民检察署暂行组织条例》和《各级地方人民检察署组织通则》，也都延续了《试行组织条例》的规定，确立了对行政行为的法律监督制度。1954 年颁布的《人民检察院组织法》第 3 条规定了"最高人民检察院对于国务院所属各部门、地方各级国家机关、国家机关工作人员和公民是否遵守法律，行使检察权"。第 4 条规定了地方各级人民检察院的职权，其中第 1 项规定"对于地方国家机关的决议、命令和措施是否合法，国家机关工作人员和公民是否遵守法律，实行监督"。该部组织法不仅肯定了检察机关对行政机关的法律监督权，而且使检察机关对政府的法律监督范围更加明确，即把对政府机关是否严格遵守法律的检察，具体化为对于国家机关的决议、命令和措施是否合法实行监督，划出了检察机关对行政机关的监督范围，使这项制度更加明确，更加具体和更切合实际。但是 1979 年通过的《人民检察院组织法》取消了 1954 年组织法的上述规定。后来 1983 年虽然这部法律得到了修订，但是仍然未恢复检察机关对行政行为的法律监督权。由此可见，我国检察监督制度的结构性缺陷并非先天存在的，而是后天形成的。实事求是地讲造成我国检察监督制度结构性缺陷的原因是多方面的，既有主观因素，也有客观因素，具体来讲有以下主要原因：

一是"唯刑事论"的影响。所谓"唯刑事论"是对 20 世纪 50 年代在检察工作中占有重要地位和具有相当影响的一种观点的概括，按照这种观点检察

---

① 参见王玄玮：《论检察权对行政权的法律监督》，载《国家检察官学院学报》2011 年第 3 期。

机关的活动应当只限于办理反革命案件和其他刑事案件，而不应该再过问民事纠纷、行政纠纷、对干部行为的监督等人民内部矛盾。①其实质就是将人民民主专政（无产阶级专政）与法律监督完全对立起来，认为检察机关是对敌人专政的工具，是镇压敌人的"刀把子"，其职能范围只应该局限于办理刑事案件，而不应该再过问民事纠纷和行政纠纷等人民内部矛盾，否则就是在人民内部"找岔子"，束缚对敌斗争的手脚。于是对行政行为的监督，受到社会舆论的批判，被冠以"两个拳头作战，一个拳头打敌人，一个拳头打人民"的罪名，认为对行政行为的监督混淆了"敌我界限"，最终检察机关对行政行为的监督成为了禁区。② 后来经过了"十年浩劫"，粉碎"四人帮"后，人心思治，纷纷要求重建检察机关，加强社会主义法制，但是由于粉碎"四人帮"不久，各条战线上的拨乱反正尚在进行，思想层面还没有完全拨乱反正，加在人们身上的精神枷锁还没有完全粉碎，对于包括对行政机关的法律监督和垂直领导等重大问题尚未研究定论，就匆匆地构建了检察机关，结果难免受到上述"唯刑事论"思想残余的影响，就这样检察机关的监督活动被限制在了诉讼领域之内，未能全面延伸到非诉讼领域中去。

二是传统观念的影响。自秦代以来一直到清代，两千多年来，虽然在中央政权体系中一直都有常规性的司法机构，但是在地方上（州县一级）却不再设置专门的司法官员与司法机构，而是长期采取地方行政长官兼理地方司法的制度，即行政机关与司法机关合二为一，地方行政长官同时又是本地的司法官员，负责本地案件的审判，这就是从秦汉以来延续了两千多年的"行政兼理司法"传统。③ 这种"行政兼理司法"的制度造成的后果就是行政权对司法权的吸纳，致使司法权从属于行政权，蕴含的是行政本位思想，体现的是行政中心主义，这与现代民主法治思想是格格不入的。1979 年我国检察院组织法修改时之所以取消了检察机关对行政机关的法律监督，其中之一就是受到行政权高于司法权的传统观念的影响，认为检察机关监督行政机关是"以小制大"，实行不通。这显然不符合社会主义民主与法制的要求。

---

① 参见王桂五：《王桂五论检察》，中国检察出版社 2008 年版，第 385 页。

② 参见王桂五：《中华人民共和国检察制度研究》，中国检察出版社 2008 年版，第 143 ~ 145 页。

③ 参见喻中：《从"行政兼理司法"到"司法兼理行政"——我国"司法—行政"关系模式的变迁》，载《清华法学》2012 年第 5 期。

三、检察监督制度结构性缺陷的后果考察

我国检察制度的结构性缺陷带来的后果是双向的，一方面对检察制度本身造成了伤害，将检察权退变为诉讼监督权，将全面法律监督机关退变为诉讼监督机关，大大降低了检察机关的法律地位，引起了社会对检察机关法律监督性质的质疑，造成了宪法内容的空洞化；另一方面创伤了行政法治，因为"法治的精髓就是制约和监督国家行政机关及其工作人员"。① 由于行政执法活动缺少外在的专门法律监督，致使行政权本身的膨胀和恣意，大大降低了行政权运行的质量，实践中表现为法外执法，严重背离依法行政的法治基本原则。

一是降低了检察机关的地位。在我国宪政制度的安排上，检察机关是专门的法律监督机关。法律监督是我国检察制度的本质属性。从新中国成立后，我国检察权运行的规律来看，法律监督权中的"法律"是包括刑法、民法、行政法和诉讼法等等在内的一切法律。所以，检察机关的活动范围不仅覆盖诉讼领域，而且包括非诉讼领域。但是从现行的《人民检察院组织法》来看，我国检察机关的活动主要局限于诉讼活动中，是名符其实的诉讼监督机关。从检察院开展的具体业务来看，刑事审判监督、民事诉讼活动监督、行政诉讼活动监督、侦查活动监督、刑事立案监督和刑罚执行活动的监督等等，都属于严格的诉讼监督。检察机关行使的对特定案件的侦查权和对刑事案件的公诉权，也都是局限在诉讼活动范围之内，并没有突破这一领域。这样检察机关的活动范围实际上就局限在诉讼领域这一狭小的范围之内，在诉讼领域之外无法发挥应有的作用，理顺当然的结果就是降低了检察机关的地位。例如对浩如烟海的行政执法活动，检察机关却无权进行监督。检察机关置身于行政执法活动之外，就很难说检察机关是法律监督机关，自然缺少法律监督机关应有的权威和地位。正如有学者直言："让一个承担刑事追诉甚至刑事侦查职能的国家机构，去监督和保证国家法律的统一实施，并在其他国家机构违反法律时予以纠正，这的确带有一定的'乌托邦'的意味，构成了一种制度上的神话。"② 于是社会生活中，一些人甚至一些地方党委的领导人将检察机关看做政府的一个组成部分就不足为奇了，这就形成了检察机关实际地位与法律地位的巨大差异。

二是行政权的低质量运行。检察监督指向政府的缺位状态，这一检察监督制度的结构性缺陷造成的另一后果，就是行政权的低质量运行，依法行政的法

---

① 张文显：《法哲学范畴研究》，中国政法大学出版社 2001 年版，第 166 页。

② 陈瑞华：《问题与主义之间》，中国人民大学出版社 2000 年版，第 32 页。

治基本原则还没能很好落实。2004 年 3 月 22 日国务院发布的《全面推进依法行政实施纲要》明确指出,目前政府在依法行政方面还存在不少差距,如:"……行政决策程序和机制不够完善;有法不依、执法不严、违法不究现象时有发生,人民群众反映比较强烈;对行政行为的监督制约机制不够健全,一些违法或者不当的行政行为得不到及时、有效的制止或者纠正,行政管理相对人的合法权益受到损害得不到及时救济;一些行政机关工作人员依法行政的观念还比较淡薄,依法行政的能力和水平有待进一步提高。"政府作为政治、经济、文化、教育、科技、安全等各项社会事务的管理者,负有增进全民福利的职责,同时为了保障这些职责的实现,国家通过立法又赋予了政府广泛的职权,通过这些职权一方面规范了政府权力,增进了全民福利;另一方面又提高了政府的自身执政能力。因此,通过经济文化教育安全等领域的洞察,完全可以透视政府行政权运行的状况,或者说,完全可以检验行政权的运行质量。当前社会公认的食品药品安全问题、安全生产问题、环境污染问题、违法占用基本耕地问题、暴力拆迁问题、劳动者合法权益保护问题、假冒伪劣商品问题、知识产权保护问题、金融消费者权益保护问题、教育领域的择校乱问题、医疗领域的看病难、看病贵问题、城市管理中的暴力执法问题、经济领域的偷税漏税和减免税乱象问题等等,足以折射出行政权的低质量运行现状。同时也说明提高行政权运行质量,光靠行政机关的内部监督、社会大众监督以及媒体舆论监督等非专业监督还不行,必须依靠检察机关专业的法律监督。

四、检察监督制度结构性缺陷的弥补

一个国家实行什么样的司法制度,归根结底是由这个国家的国情决定的。世界上没有也不可能有放之四海而皆准的司法制度。[①]所以,检察改革要立足于我国处于并将长期处于社会主义初级阶段的国情,本着循序渐进的原则,注重改革的可行性,既要与时俱进,又不能超越现阶段实际提出过高的要求,避免检察改革脱离中国实际而进入误区。弥补我国检察监督制度的结构性缺陷问题,就是要将行政行为纳入法律监督的范畴,具体来讲就是将政府的抽象行政行为和具体行政行为纳入检察监督的范围,但是考虑到社会主义初级阶段的国情,对抽象行政行为进行法律监督还存在一些短期内难以克服的困难,所以当务之急可行的就是将具体行政行为纳入检察监督的范围。同时应当看到,每一项国家权力的正常运作和实现,都不是一件轻而易举的事情,都必须辅之以必

---

① 参见孟建柱:《深化司法体制改革》,载《人民日报》2013 年 11 月 25 日。

要的手段和措施。① 检察机关对行政权运作的监督也是一样，也需要辅之以必要的手段和措施，否则检察机关对行政权的监督就只能作为抽象的理论而存在，而不能成为实践中运行的权力，无法达到预期的目的。这些手段和措施应该包括以下内容：

（一）调查核实权

1. 查阅执法卷宗。行政机关执法卷宗详细记录了整个行政执法全过程，是行政执法活动最基础、最原始的资料。执法活动违法大多数都会在案卷材料中有所反映，因此调取和查阅这些卷宗材料是检察机关对行政执法活动开展法律监督的重要基础，是检察机关对行政执法行为是否违法进行定性的基础性材料。

2. 询问当事人、证人。当事人是行政执法活动的亲身经历者，证人是行政执法活动的见证者，因此，这两种人对于行政执法情况具有天然的发言权。检察机关询问当事人或者证人目的就是获取其大脑中记忆的与执法活动高度相关的信息，以获取相关的言辞证据。

3. 鉴定。鉴定是指人民检察院在开展对行政执法的法律监督活动中，遇到专门性问题，指派鉴定人运用其专门知识对专门性问题进行分析，最后作出结论的监督措施。行政权触及各行各业和社会生活的方方面面，很多情况下，如金融监管部门、环保局、质量监督局、专利局、版权局等在执法活动中，都体现出鲜明的专业性和技术性特点。赋予检察机关鉴定手段就是为了提升检察机关自身的监督能力，以应对专业性和技术性明显的行政执法活动。

4. 勘验。勘验是指人民检察院邀请当地基层组织或者有关单位指派的人员，对行政执法活动的物证或现场进行勘查检验，并通过勘查检验收集和调查证据的一种法律监督措施。勘验是人民检察院在对行政执法活动开展法律监督过程中的一项调查取证措施，目的在于保护行政执法现场或者保存证据。

5. 要求行政执法人员说明理由。赋予人民检察院要求行政执法人员说明理由的权力，是以下两点原因决定的：（1）行政执法活动的自由裁量性；（2）行政执法活动的专业性和技术性。公平是行政权的重要价值追求，实现行政权运行的公平性主要依赖于行政执法人员的自由裁量权。对执法自由裁量权的运行规律认识最深的自然是行政执法人员，同时考虑行政执法活动具有专业性和技术性特征，所以听取行政执法人员说明理由，有助于检察人员判明是非、认清事实，防止监督权自身的滥用。

---

① 参见邹建章：《论民事检察监督法律关系》，载《中国法学》1997年第6期。

6. 要求有关单位和个人提供证据。任何行政执法活动都是发生在一定的时间、空间和人物之中的，大量的证据掌握在有关单位和个人手段。赋予检察机关要求有关单位和个人提供证据的权力，目的在于减少监督权的运行成本，提高法律监督的效率。

（二）监督手段

1. 检察建议。检察建议是检察机关开展非诉讼形式的法律监督活动的重要方式，也是检察机关运行最为广泛、效果最为明显的监督措施。实践表明检察建议无论在侦查监督、审判监督还是民事诉讼监督中都收到了良好的效果。这与检察建议本身几乎不具有对抗性，体现了一种柔性监督，建议对象接受率比较高有很大关系。这一监督方式应该引入到对行政执法的监督过程中，将其适用对象限定在以下两种情形：（1）行政主体执法行为存在合理性问题的；（2）行政主体执法行为存在带有普遍性问题，需要提出建议的。

2. 纠正违法通知书。纠正违法通知书也是非诉讼形式法律监督实践中效果良好的监督方式，应该引入到行政执法监督实践中。相对于检察建议而言，纠正违法通知书带有一定的对抗性和刚性，同时该手段不会导致行政执法活动的中断或延期，符合行政权运行的效率优先原则，应该赋予检察机关这一监督方式。由于纠正违法通知书具有检察建议不同的特性，故其针对的监督对象应该同检察建议有所区分，以便形成对行政执法活动力度有别、手段齐备的监督格局。该监督方式应该针对明显的行政执法违法行为，具体包括以下情况：（1）执法依据违法；（2）执法措施违法；（3）执法程序违法；（4）执法人员不作为或乱作为。

3. 现场监督。现场监督的实质是一种事中监督。在行政执法过程中检察机关以法律监督者的身份参与到执法活动中去，对违法的执法行为当场指出并要求其纠正，具有监督及时、高效的特点。赋予检察机关这一监督方式后，应该对现场监督的范围进行规范，这是因为如果范围太小或太大，都不能充分发挥现场监督的独特作用，结合行政执法现状，应当将社会影响大，群众高度关注的行政执法活动纳入检察监督的范围。

4. 行政公诉。作为起步较晚的法治国家，我们在构建相关法律制度时有必要审视和借鉴法治化程度较高的国家的做法，遵循建设法治国家的普遍性规律。赋予检察机关行政公诉权是法治国家的通行做法，值得我们借鉴。不仅如此，在我国历史上检察机关曾经行使过行政公诉权，具有一定的实践基础。所以笔者认为以下执法行为应当纳入行政公诉范围：（1）涉及国家和公共利益的具体行政行为，例如，对企业违法排污、污染环境的行为，行政机关不作为等等。(2) 侵害弱势群体合法权益的具体行政行为,弱势群体在行政诉讼中虽然在法律上地位与行政机关平等,但两者经济条件的巨大差异,两者实质上又是不平等的,检察机关有必要提起公诉以平衡双方力量,真正起到对行政机关监督的作用。①

综上,为了有效弥补检察监督制度的结构性缺陷,推动检察监督制度的科学发展,结合我国法治建设的实际情况,笔者认为应将以下内容写入《人民检察院组织法》:"对于行政机关的行政执法活动是否合法,实行监督。人民检察院可以通过检察建议、纠正违法通知书、现场监督和提起公诉的方式对行政执法活动进行监督,并有权采取查阅执法卷宗材料、询问相关人员、勘验、鉴定、要求行政执法人员说明理由和要求有关单位和个人提供证据等调查核实措施。"

---

① 参见远桂宝:《论拓展行政检察监督的基本路径》,载《法制与社会》2010 年第 3 期。

检察公信力基本问题研究

韩彦霞[*]

执法公信力建设是检察机关的立身之本、战略任务和检察权运行的重要基石。研究检察公信力是依法治国，建设社会主义法治国家的必然要求，是发现检察工作规律，推进检察工作的需要。检察制度生命力的源泉并不是强大的法律强制力，而是建立在对检察制度充分信任基础上民众的自觉服从。当前，我们推进检察改革时，必须高度重视检察公信力的提升，通过稳固民众对检察机关的信任、坚定他们对检察权的信仰从而增强检察公信力。

一、检察公信力的理论界定

（一）检察公信力是社会信用体系中的高级形式

社会信用体系这一概念源于经济领域而后向其他领域扩展的，经历了信任——系统信任——公信力三种形式的发展过程。信任是社会信用体系研究的逻辑起点。经济领域中的信任，其初级形式是私人之间的交易，是一种以个体为单位的私人信用表现形式，包括个体——个体与个体——群体两个方面的人际信任。信任不仅存在于个体层面，它还存在于团体或组织内部和团体或组织之间甚至制度层面。当这种私人信任逐渐演进为群体普遍的信用价值、信用认同、信用体系时，公信随之而生了。公信的出现，是政治国家与市民社会二元对置后，权力与权利博弈的结果；也是经济市场化、社会政治民主化、文化多元化、管理法治化的综合产物。但是，公信只是一种系统信任，因为系统信任中缺少"力"的要素，即概念的关系特征和表达客体属性的"能力"，所以，系统信任还只是社会信用体系逻辑链中的一个环节。政府公信力、司法公信力

* 江苏省无锡市人民检察院助理检察员，苏州大学检察发展研究中心研究员。本文系2013年江苏省政法重点课题"检察公信力问题研究"阶段性成果。

及检察公信力等均包含"力"这一要素，即上述主体赢得社会信赖的能力。在社会信用体系结构中，检察公信力等同属于社会公共信用体系的组成部分，是社会信用体系中的高级形式。一个国家或区域的政府公信力、司法公信力乃至检察公信力等水平，决定着这个国家或区域的社会信用体系稳固程度。检察公信力的缺乏或下降，将严重损害社会信用体系的制度支撑，导致社会陷入一种低信用均衡，即各种社会主体都以行为短期化和非信用化作为自己的行动选择，并由此形成恶性循环，因此，检察信用危机给整个社会的信用体系带来的往往是釜底抽薪式的冲击。

（二）检察公信力是具有社会资本属性的制度信任

"信任是社会资本的一种形式。"① 社会资本是在社会经济、文化活动中形成的社会资源，作为社会资源之一的信任关系在社会发展过程中逐渐演化为信用资源，人们从这种关系模式中能够获得约定和预期的利益，信任关系就是作为表达个体行动自由与集体控制之间关系的社会资本的一种形式而存在的。检察机关在履行法律监督职能过程中，社会个体、社会组织、组织内部即可对其外在行为产生的后果进行预判并预测后果。检察公信力是社会公众对检察机关所表现出的一种普遍认可、信任的角色期待和角色要求，是检察机关所享有的基于检察制度的正当性所派生出的社会资源。检察公信力是检察权与检察权威理性契合的产物，它兼具权力和权威的双重特色，维持着利益与主体的制度均衡。首先，信任分为人际信任和制度信任，前者建立在熟悉度及人与人之间的感情联系的基础上的人格信任，后者则是外在的，以法律的惩罚或预防机制来降低社会交往的复杂性。伴随着现代化的发展，传统的人格信任已经无法维系人与人之间的关系，制度信任就产生了。②公信力权力主体与公众之间的非平等性、信息不对称性以及其以强制力作为约束条件决定了其只能是一种制度化的社会信任。其次，尽管检察公信力包含社会个体对检察机关执法个体的信任，但如果缺乏相应的检察制度保障，这种个体之间信任的形成很大程度上取决于执法者的个人能力及品性，表现为偶发性与个别性。检察公信力的生成与维系必须建立在一定的制度保障的基础之上，检察公信力所蕴含的是社会公众对于检察制度的认可和信任。最后，法律制度安排可以保障对未来的预期以及

---

① ［美］科尔曼：《社会理论的基础》，邓方译，社会科学文献出版社1999年版，第360页。

② ［英］安东尼·吉登斯：《现代性与自我认同》，赵旭东译，三联书店1998年版，第48～50页。

事态的确定化，可以为超越于个别交涉、互惠以及契约的普遍信任奠定坚实的基础。换言之，法律可以创造出有原则的、不可随意变更的甚至有些绝对化的非交换性信任。检察行为对法律规范起着恢复性保持和创造性发展的功能，构造讲信用的制度环境是检察机关等司法系统向社会提供的公共产品。检察活动作为社会资本的救济性生产，表明检察活动与社会资本之间有着本质性的高相关度。检察公信力是信用概念从德性伦理到制度伦理的跨越，是具有社会资本属性的制度信任。社会的发展产生了公共权力，公共权力在与社会的互动中同样需要信用资源，也同样存在资源的短缺，因此我们应该深刻理解提升检察公信力的必要性以及检察公信力缺失的危害。

（三）检察公信力属于关系范畴

关系范畴是哲学的基本范畴，检察公信力是检察权运行与受众之间的一种关系，是实施法律监督的产物，属于关系的范畴，包括信任和信用。公信力作为一种虚拟的力学概念，具有作用力与反作用力、力与受力之间的内在相辅相成的关系。复合说认为司法公信力是一个具有双重维度的概念，从权力运行角度是司法权在其自在运行的过程中获得公众信任的资格和能力，从受众心理角度是司法行为所产生的信誉和形象在社会组织和民众中所形成的一种心理反映。① 检察公信力同样是检察机关对社会的信用和社会公众对检察机关的信任的统一，其强调的是检察机关与社会公众之间的互动与互评，它包括两个互动的主体，一方是信用方即检察机关，另一方是信任方即社会公众；包含两种状态，一个是社会公众的"信"，另一个是检察机关的"取信"。因此，提升检察公信力要通过群众的感受这个"需要"来调整检察机关自身的整体行为"供给"，实现一种动态的"供需平衡"。

（四）检察公信力具有政治伦理的属性

"公信力既是一种社会系统信任，同时也是公共权威的真实表达，属政治伦理范畴。"② 政治伦理属于社会伦理的范畴，德性伦理属于个体伦理的范畴。政治伦理是指对存在于社会基本结构中并保证结构规范合理化的基本制度的伦理考量和实现伦理道德的一系列制度化安排的辩证统一的过程或状态。政治伦

---

① 参见关玫：《司法公信力初论——概念、类型与特征》，载《法制与社会发展》2005 年第 4 期。

② 许蔓莉、冯莉莉：《公证公信力提高之法律思考》，载《黑河学刊》2005 年第 3 期。

理具有政治伦理化与伦理政治化两层涵义。检察公信力是一种与德性伦理有着本质区别的权利与义务平衡的、符合市场经济内在要求与发展趋势的新型伦理。政治伦理的范畴包括制度的平等、制度的公正及制度的民主等方面。①政治伦理不仅可以提高制度效率，并降低制度创新的社会成本，而且是新制度产生的内在变量。公信力既是一种社会信任，同时也有政治伦理属性，公信力的出现是现代社会文明进化的重要表现。检察公信力具有政治伦理的属性，其作为表达个体行动自由与集体控制之间权力、权利和义务平衡的制度的伦理与制度中的伦理，受到规范特别是法律规范、政治体制和权力结构的规定。

二、检察公信力的本体特性

（一）客观性、公开性、及时性：检察权基于法的基本价值产生的特性

公正、公开、效率是法的基本价值，检察权是以法律监督为主要内容的法律监督权，检察机关的主要职能是法律监督，即监督和维护国家法律的统一正确实施，因此，公正、公开、效率这三项法的基本价值要求检察权行使须确保客观性、公开性、及时性。公正、公开、效率三者有着严格的科学内涵，三者之间是相互影响又相互促进的。从监督实践价值层面上看公开是监督的前提条件，公正是监督的内在要求，也是监督的过程目标和价值目标，效率是监督的最终落脚点，监督是提高效率的重要手段和途径。法治是实现社会公平正义的最有效途径，司法是社会公平正义的最后一道防线，法律监督活动的公正则是实现社会公平正义的最后保障，也是法律监督活动产生公信力的基础和前提。正义的表现形式一般有两种，即实体正义和程序正义，实体正义是一个相对的范畴，在一部分人看来公正的分配，在另一部分人看来却可能是不公正的，因此，法必须通过程序正义的实现来使每个人都获得公正的对待。对于检察权这种程序性权力而言，更要注重通过程序公正实现检察权的客观性。公开是民主制度发展和政治现代化的必然要求，相对于审判权，检察业务的保密性要求导致权力行使的公开性不足，检察工作往往不易为社会大众所了解，因此，要增加检察权行使的公开性，使其能够体现"看得见的正义"。这就要求全面落实和深化检务公开、不断推进执法透明的工作机制、完善信息化条件下的涉检舆论引导和检察宣传工作机制以及实行释法说理机制等方面不断强化法律监督工

---

① 参见百度文库，载 http://wenku.baidu.com/view/0fca6810f18583d0496459fb.html，访问时间：2013年4月4日。

作，充分实现检察权的公开性。公正与效率二者具有内在的统一性，"从某种意义上说，司法效率也是司法公正的题中之意，因为任何社会纠纷的存在都意味着权利不确定状态的延续，都意味着秩序被破坏状态的延续，也都意味着社会公正正处在待实现的状态。所以，对纠纷的解决不仅应当是公正的，而且应当是尽可能迅速的，在这里，效率就意味着公正的迅速实现"。① 诚如王利明教授指出的："任何一套法律程序，之所以是公正的，在很大程度上是符合效率原则的，至少和这一原则是不冲突的。"② 因此，应建立健全办案时限监管、催办机制，完善轻微刑事案件快速办理机制以及建立矛盾纠纷调处机制等以增进检察权行使的及时性。

（二）人民性、程序性、监督性：检察权基于自身基本特征产生的特性

检察机关人民性的根本政治属性决定了检察公信力建设在检察工作中的基础性地位。我国《宪法》规定："国家行政机关、审判机关、检察机关都由人民代表大会产生，对它负责，受它监督。"检察权来源于人民，又服务于人民，广泛的人民性是人民检察院最根本的政治属性。这也在根本意义上决定了检察机关必须把执法为民作为宗旨，执法办案、开展一切检察活动都要在乎人民群众的感受，都要始终把维护人民权益作为根本出发点和落脚点。加强检察公信力建设、提高检察机关执法公信力的过程，就是检察机关践行执法为民宗旨、落实人民主权的宪法原则、坚持检察机关人民性的具体实践。能否维护好人民群众的切身利益，满足人民群众的新要求、新期待，是赢得人民群众信任、满意，提升检察公信力的关键所在，应树立人民群众主体地位的意识，把以人为本作为检察机关新的执法理念和根本要求；应关注人民群众反映强烈的突出问题，切实维护好广大人民群众的各种利益；应丰富执法为民的各项措施，不断满足人民群众的司法需求。检察权的主要内容由诉讼法规定，通过诉讼程序行使，并经由诉讼手段实现，即把其管辖范围内的事项交付诉讼，通过诉讼作出最后的结论和处置，使得检察权呈现明显的程序性特征。从检察权的作用上看，检察权主要在程序上产生效力，是一种程序上的权利救济机制。虽然检察权拥有一定的自由裁量权，对实体处分权也能产生一定的影响，但本质上，检察权是一种程序性的权力。对于检察权的配置必须抓住其作为一种程序性权力的本质特征，对于具有实体裁决效果的权能必须予以分化和重新配置。提升检察公信力必须围绕我国诉讼程序的完善为核心进行，一方面需要在制度

---

① 姚莉：《司法效率：理论分析与制度构建》，载《法商研究》2006 年第 3 期。
② 王利明：《司法改革研究》，法律出版社 2000 年版，第 76 页。

层面推进检察制度改革，另一方面需要在理论层面引导检察权回归程序性权力的本质。从检察权的内容看，检察权体现监督的性质；从检察权的起源看，检察权以对权力的监督为特征走向历史舞台；从检察权的行使来看，检察权符合柔性监督的语义特征。检察权的监督性要求必须增强检察机关的权威性和相对独立性，强化检察一体制和检察官独立地位，加强机制创新、措施强化以及制度完善。

（三）平衡性、公益性、创新性：检察权基于自身基本功能产生的特性

权力应当受到监督和制约是当代法治社会的一项基本要求。在人民代表大会之下设置检察机关，并通过检察机关行使专门的法律监督权，加强对行政权、审判权、侦查权等国家权力行使的合法性和有限性的专门监督，制约其非法扩张和滥用，形成适配于人民代表大会制度的国家权力结构体系。检察权在平衡国家权力的过程中发挥其法律监督的职能，如在对侦查行为的监督中，平衡惩罚犯罪与保护人权的关系，在诉讼监督环节，平衡追诉犯罪与追求公平正义的关系，在服务中心工作上，平衡独立办案与顾全大局的关系等。社会公益性是检察权发展的时代特征。近代检察制度形成后，检察权在民主法制的制约下，由过去代表国家利益进化到代表民众维护社会公共利益阶段，反映了人类法制选择民主、文明进步的过程。检察机关作为最高法律秩序和道德的代表，开始越来越多地参与到维护普通民众利益甚至弱势群体的民事、行政诉讼中来，尤其体现在对那些涉及"集体性利益"和"扩散性利益"的民事、行政案件的干预以及对弱势群体维权的力挺。检察权的运行不只是执行法律的过程，同时也是创造法律的过程。司法过程的最高境界并不是发现法律，而是创造法律。非法证据排除规则的建立等旨在保障人权的举措均是以造法行为在提升检察公信力。司法除了可以解决纠纷，还要通过权威裁判和纠纷解决为国家和社会确立新的行为规则。司法不仅要面对已出的纠纷，更要面对未然的隐患，这就要从法律上堵塞制度的漏洞。现代检察机关不再局限于案件的解决，而是以形成公共政策来主导社会。"通过适时地提供判决，并且因此通过参加该制度政策产品的创制，司法机构维持了自身的存在和它在社会中的持久作用。"① 公共政策是社会管理创新的重要依据，是参与社会管理创新的上游行为，对于从源头上保证公共政策的质量与品质尤为重要。

---

① ［美］埃尔曼：《比较法律文化》，高鸿钧、贺卫方译，三联书店1990年版，第162～163页。

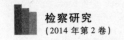

三、提升检察公信力的基本要求

（一）微观的执法行为、中观的检察权运作及宏观的政治体制构成影响检察公信力的要素

宏观层面的体制革新——深化司法体制改革，中观层面的机制改革——优化检察权配置，微观层面的行为调整——规范检察执法行为构成了影响检察公信力的要素，其中，优化检察权配置在其中发挥着承上启下、融贯体制与行为的功用。社会学研究指出，当代中国社会转型的深刻性和复杂性在于，政治民主化、经济市场化、法治建设和文化重建突出地纽结在一起，连同它们引发的各种社会问题共同构成了中国社会转型必须应对的严峻挑战。在我国，要提升检察公信力，"一个关键的问题是要进行政治体制改革，理顺党和法律的关系，以及司法同其他机关的关系。这是一个有待解决的根本性问题"。[①] 一个国家的政治制度和政治体制，既是经济因素和文化观念最终决定或影响法律制度的枢纽，又是法律制度规范和发挥功效的核心对象。一个国家的政治制度和政治体制是法律制度能否得到顺利实现的基本政治前提和保障，直接关涉法律制度能否借助它实现其对经济和文化的控制功能。检察权优化配置是司法体制改革和检察工作科学发展的必然要求，是检察权高效运行和职能充分发挥的前提和基础。如何通过检察权优化配置，使我国检察机关发挥出与其在我国宪政体制中地位相匹配的检察职能，不断提升检察公信力，具有重要的现实意义。公众对于包括检察官在内的法律职业者建立了信任，才可能提升检察公信力，公正廉洁执法不仅是三项重点工作之一，更是检察工作的宗旨，不仅有利于维护社会公平正义，同时也有利于不断提高人民群众对检察工作的认同感，不断提升检察公信力。

（二）提升检察公信力应强化检察权的优化配置及遵循法律监督活动规律

检察权的优化配置，是由检察权性质所决定的、实现检察权宗旨所必需的组织体系和必要的手段，是构成检察权不可缺少的组成内容，对于发挥检察权的职能作用具有重要意义。检察权作为一种以程序性监督为内容的法律监督权力，其内在结构的完整性是检察权存在并发挥法律监督效能的前提和基础。没有检察权的优化配置，就没有检察权的有效运行，也就没有权责明确、相互制

---

① 蔡定剑：《论法律支配权力》，载《中国法学》1998 年第 2 期。

约、高效运行的司法体制。目前法律监督权能存在缺位、检察保障机制不健全、检察监督机制存在缺陷等检察权配置中存在的问题都制约着检察公信力的提升。检察公信力是国家公信力体系中的重要组成部分，检察公信力实现的过程也即检察权实现的过程，检察改革体现公信力是检察机关执法活动的重要规律。① 因而，检察公信力建设是一个关乎我国检察制度的基本问题，也是我国检察制度的一个基本规律，因此，我们应有规律自觉。司法规律是社会规律的重要范畴，是司法现象和司法活动过程中内在的本质联系，体现着司法活动总体上的一般必然性趋势。遵循司法规律是法律本身的内在要求，是正确履行法律监督职责的基本前提，是检察工作科学发展的根本保证，是不断加强改进工作、提升检察工作水平的迫切需要。正确认识和把握司法规律还需要对我国检察制度从司法体制架构上进行根本解读，包括在宏观层面上，决定检察工作发展方向的司法规律；在中观层面上，体现各项工作基本要求的司法规律；在微观层面上，具体工作开展中应当把握的司法规律。

（三）提升检察公信力的因素应以长效机制固化

提升检察公信力应当着眼于机制的建立完善，努力实现其在更高层面的系统整合，注重发挥制度的整体功效，着力构建固化的制度体系。检察公信力的提升因素不应仅形成孤立的、动态的机制，而应更多地关注如何加强制度间的联系和对接，对制度的功能进行整合，形成固化的、良性的机制。与我国以前经常采用的非常规、非稳定的群众运动方式相比较，制度化的稳定性可保障其社会功能的稳定发挥，并且，具有公信力品质的要素提供固化于制，为行为人提供了可预测性，这些机制包括健全完善规范化的办案机制以提高队伍执法监督能力以及健全完善制约型的监督机制以确保队伍廉洁从检等。

（四）非违法性人为因素和制度成本应纳入检察公信力减损的范围

非违法性人为因素是指由人的自然属性和社会属性生成的、在执法办案过程中会损害检察机关等政法干警执法公信力的、法律尚未明确予以调整的因素。人的自然属性和社会属性是非违法性人为因素产生的根源。作为社会存在，每个政法干警都是所处的社会关系的产物，潜意识中都内化了所处社会关系共享的集体意识。在一定条件下，那些共享的集体意识就会影响政法干警的执法办案，损害政法机关执法公信力。在形式上，非违法性人为因素并不是违法性因素，但也不是合法因素，因为非违法性人为因素会直接作用于执法办案

---

① 参见马天山：《公信力与检察公信力建设的思考》，载《人民检察》2009 年第 10 期。

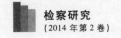
的全过程，损害执法公信力，如何通过降低非违法性人为因素来提升检察公信力是一个具有广阔空间的课题。任何一项制度的实施都将产生运行成本，如新修订的刑事诉讼法确立的非法证据排除规则，制度之所以会产生成本，并非全部是由制度本身的粗疏及相关配套制度的缺失等因素造成的，而是由于每一项制度的立或废，都涉及到利益格局的重新调整，诸如非法证据排除等并不是一个简单的制度问题，它们是多种利益平衡与选择的结果。因此，如何通过降低非违法性制度成本来提升检察公信力亦成为一个具有前瞻意义的命题。

检察公信力 AHP 测评系统之应用分析

——针对检察公信力测评指标与方法的量化探索

林竹静*

检察公信力，即公众对检察机关和检察人员及其工作的认同、满意和信任程度。① 在检察机关深入践行党的群众路线教育实践活动的时代背景下，每一名检察干警都深知树立、维护并不断增强检察公信力对推进检察工作持续、快速、健康发展的重要性。然而，由于缺乏科学的检察公信力测评系统，我们既无法准确评估当前检察公信力的真实状况，又无法有效考核检察公信力建设的实际成效。因此，与高度重视检察公信力建设并行的，还必须有科学的检察公信力测评系统之构建。

一、在检察公信力测评中引入 AHP 法的必要性

检察公信力测评是与检察业务考评并行的测评系统。检察业务考评统计和反映的是有关检察工作的客观指标、状态指标。与之不同，检察公信力测评反映的则是有关检察工作的主观指标。换言之，检察业务考评考的是类如年度办案总量、人均办案数量、错案率等"从卷宗来到报表去"，方便统计的客观数据。检察公信力测评要考察的却是"群众满意不满意、高兴不高兴、答应不答应"这样"看不见，摸不着"的主观指标。

检察公信力之所以难以简单量化和测评，是由于影响检察公信力的诸项测评指标并非是既定行为构成的客观事实，而是公众心中关于检察工作的主观体认。既然检察公信力作为一种公众对检察工作"信任不信任"的主观体验与价值认同，那么，适用于检察业务考评的各类以检察业务统计数据为基准的考

---

* 上海市闵行区人民检察院法律政策研究室副主任，法学博士。

① 参见谢鹏程：《论司法公信力的建设与测评——以检察公信力为视角》，载《中国司法》2013 年第 10 期。

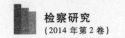

核量化指标显然无法准确反映出社会各界和人民群众对"检察机关和检察人员执法办案质量和效果的评价"。① 因此，我们亟需研究建立和实行一种适用于检察公信力测评的全新系统，藉此科学、准确的反映人民群众对检察机关执法办案工作的意见和满意度，确保检察工作达到最佳社会效果。这就是在检察公信力测评系统中引入多层次权重分析决策方法（Analytic Hierarchy Process），即 AHP 法的必要性所在。

二、AHP 法在检察公信力测评中的运作原理

当代美国运筹学家，匹兹堡大学教授 T. L. Saaty 于 20 世纪 70 年代提出了一种多层次权重分析决策方法（AHP 法）。AHP 法具有高度的逻辑性、系统性和实用性特征，是对非定量事件进行定量分析的最有效办法之一。② AHP 法自 1982 年被引入我国以来，以其定性与定量相结合地处理各种决策因素的特点，以及其系统灵活简洁的优点，迅速在我国社会经济各个领域，如能源系统分析、城市规划、经济管理、科研评价等，得到了广泛的重视和应用。③ 在检察公信力测评中引入 AHP 法，作为对检察公信力（非定量的主观体认）进行评估、测评的有效手段，将非常有助于实现检察公信力测评系统的科学化运作。

（一）AHP 法的基本概念

简而言之，AHP 法即是把测评过程层次化，根据需测评对象的性质和需要达到的总目标，把复杂问题分解成若干有序层次，然后根据对客观现实的判断，就每一层次的相对重要性（权重）给出定量表示，即所谓的构造比较判断矩阵。④ 从高层次到低层次的比较判断矩阵分别包括：目标层、准则层、指标层等。

（二）运用 AHP 法进行量化分析的基本步骤

作为一种将数理逻辑应用于决策科学的有效方法，构建并运用 AHP 法的

---

① 陈旭：《坚持以人民群众满意为标准，深入践行执法为民宗旨》，载《人民检察》2014 年第 2 期。

② 参见 ［美］T. L. Saaty：《层次分析法》，许树柏译，煤炭工业出版社 1988 年版，第 5 页。

③ 参见张博、顾雨佳、李婵媛：《运用层次分析法构建战略评价体系》，载《企业管理》2011 年第 5 期。

④ 参见严广乐、张宁、刘媛华编：《系统工程》，机械工业出版社 2008 年版，第 181 页。

基本步骤包括：建立层次结构模型，构造判断矩阵，层次单排序及其一致性检验，层次总排序及其一致性检验四大步骤。

1. 建立层次结构模型。在充分了解要分析的系统后，把系统的各因素划分成不同层次，再用层次框图说明层次的递阶结构及因素的从属关系。

2. 构造判断矩阵。判断矩阵要素的值反映了人们对下层要素与上层要素相对重要性的认识。这一步骤直接影响决策的效果。

3. 层次单排序及其一致性检验。算出各判断矩阵的最大特征根及其特征向量，并通过归一化处理。即为同一层次相应要素对于上一层某要素相对重要性的排序权值，同时要检验判断矩阵的一致性，如果不符合条件需要对判断矩阵重新调查。

4. 层次总排序及其一致性检验。算同一层次对最高层次（总目标）的相对重要性的排序权值。此过程是从最高层依次到最低层进行的，同时要对判断矩阵一致性检验。

三、检察公信力 AHP 测评系统的构建原则

在对检察公信力进行测评时，首先要确立测评指标体系，然后采用适当的方法进行测评。检察公信力 AHP 测评系统的指标体系构建主要遵循以下六项原则：一是目的性原则：指标体系应是对检察公信力的本质特征、结构及其构成要素的客观描述，并为测评目的服务，为测评结果的判定提供依据。二是科学性原则：指标体系应围绕测评目的，科学反映检察工作核心本质及其特征，指标概念正确、含义清晰。三是系统性原则：指标体系应涵盖与检察核心工作相关的各项指标，全面反映检察公信力的各个要素和整体情况，并且从中抓住主要指标要素，以保证综合测评的全面性和可信度。四是有效性原则：指标体系应合理构造层次数量和指标数量，能准确反映检察公信力，与测评对象无任何关系的指标不应被纳入到指标体系中，既要避免琐碎繁杂，又要避免过于粗略。五是实用性原则：指标体系的设计应考虑现实可能性，指标的数量尽可能的少而精，信息集中，数据资料容易获得，并且测评方法易于掌握，降低测评负担。六是相对定量原则。对检察公信力指标的测算和评价，是一种定量的研究，但影响检察公信力的诸因素中，相当一部分源于人的主观认知与价值判断，在此层面"一千个人心目中有一千个哈姆莱特"，这部分内容是无法精确数量化的，因此，在此层面只能进行相对定量研究。

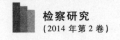
四、检察公信力 AHP 测评系统的运作模式

在检察公信力测评中运用 AHP 法，实现对检察公信力程度的量化测评，具体需要通过指标设计、指标赋值和统合分析三大基本步骤。通过 AHP 法在检察公信力测评系统中的运用，我们可以最大限度地保证检察公信力测评的科学化。同时，在实践中通过开发相应计算机集成软件，更可以实现检察公信力测评的高效和集约。

（一）指标设计

与检察办案绩效考核不同，检察公信力是无法通过几项纯客观的统计数据简单计算得出的。检察公信力作为一项社会公众对检察工作满意度和信任度的"印象分"，既非纯粹的客观实在，当然也非完全的主观臆断，而是一个"主观见之于客观"的认识过程。因此，涉及考察检察公信力程度的指标，必须结合检察工作的总体特征，分别从主观和客观两个方面分别进行考察。

指标设计的科学与否从根本上关乎检察公信力测评结果的准确程度。既然视角差异将导致对同一事物的认识"横看成岭侧成峰"，那么，要对检察公信力作出准确测评，就必须站在检察工作全局的高度科学设计测评指标。我们知道，对一个人的评价可以从"德、智、体"三方面进行，如果把检察机关形容为一个人，那么"德"即工作作风，"智"即办案绩效，"体"即队伍建设。此外，检察机关作为公权力机关，与注重隐私权的个人不同，对其工作评价，自然还要考察办案程序公开性程度。因此，我们不妨对检察工作从四个方面综合考察，即工作作风、办案绩效、队伍建设、检务公开。同时，由于检察公信力测评主要考察的是公众对检察工作上述四方面的主观认知，因此，对于上述四个方面测评指标，除了立足于客观工作数据（数据来源可包括：案管及业务部门统计数据、政治部监察科统计数据、党组综合测评数据、上级院综合测评排名）的分析外，更应结合问卷、访谈等形式（具体可区分：计算机、电话、问卷抽样调查；人民监督员、廉政监督员访谈；法学专家、政法单位领导访谈问卷），考察公众心目中对于检察公信力的真实感受。

表一：检察公信力测评要素图示

	客观指标				主观指标			检察公信力指数
	a 案管及业务部门数据	b 政治部监察室数据	c 党组综合评定	d 上级院考核数据	e 计算机、电话、问卷抽样调查	f 人民监督员、廉政监督员访谈	g 法学专家、政法单位领导访谈	
A 工作作风	Aa	Ab	Ac	Ad	Ae	Af	Ag	
B 办案绩效	Ba	Bb	Bc	Bd	Be	Bf	Bg	
C 队伍建设	Ca	Cb	Cc	Cd	Ce	Cf	Cg	
D 检务公开	Da	Db	Dc	Dd	De	Df	Dg	

注：如本表所示，检察公信力测评要素＝检察工作四个方面内容＊测评视角

将分布在检察工作各个方面的客观指标与公众认同感的主观指标进行有效整合、综合测评是构建检察公信力 AHP 测评系统的关键。因此，要从系统的角度来揭示影响检察公信力程度诸指标要素的逻辑结构。根据检察执法办案工作的基本特征，我们建立了检察公信力三级指标分析结构模型，其中一级指标 1 个，二级指标 2 个，三级指标 28 个。具体如下：

1. 目标层——即"检察公信力"这一总体测评指标，它是三层次结构中的最高层次。

2. 准则层——将目标层分解为"客观指标"和"主观指标"。这两项指标对目标层产生直接影响，是各具体评估要素的集合。

3. 指标层——它是对准则层各要素起具体评价作用的各指标要素的归聚。根据上表所示，它包括 28 个要素，其中主观指标 16 个，客观指标 12 个，即所示 Aa 项至 Dg 项指标。以上指标要素的确立，是实现检察公信力测评科学化的前提。

（二）指标赋值

指标赋值是进行检察公信力测评的基础。以商品定价为例，我们之所以能对不同商品的市场价值大小进行排序，是因为其组成的各个评价要素，包括价格、重量、数量都是可量化的。那么，组成检察公信力的各项指标要素又该如何实现量化？这就涉及到指标赋值。

在明确测评指标，建立了三层次分析结构模型后，上下层次之间各指标要素的隶属关系就被确定了。影响总体指标（即检察公信力）的各项指标对总体指标的影响和作用各不相同，存在一定差别。例如，既然检察公信力测评区

别于检察业务考评更侧重于对公众主观认识的考察，因此，我们不妨将上述客观指标与主观指标的权重配比设置为 3∶7，即当目标层"检察公信力"权重为"1"时，客观指标权重为"0.3"，主观指标权重为"0.7"。接下来，在主、客观不同视角内部，不同的具体视角指标也应该根据实际情况作出不同的权重设置，例如，在客观视角层面，政治部、监察科针对队伍建设、工作作风方面所作出的考评数据相比上述部门针对业务部门办案绩效、检务公开方面所作的考评数据（如果有的话）更有针对性，因此，权重要大。反之亦然，案管及业务部门针对办案绩效、检务公开方面所作的考评数据同样比上述部门对自身队伍建设、工作作风方面所作的考评数据更具针对性，因此，权重要大。与之同理，在主观视角指标的权重设计中，当然也应根据具体视角的不同，结合检察工作具体内容，作出不同的权重设置。这也就是说，除了应区分主观指标与客观指标在测评中的不同测评权重，就是在同一测评视角内部，不同指标要素也应视实际情况设置不同权重。

显然，上述 28 项不同的测评指标要素，对于检察公信力测评结果的最终确定并非同等重要，各测评指标要素的重要程度究竟该如何进行量化？这是指标要素赋值的关键。对于检察公信力测评这样的复杂社会法律问题，我们不可能像商品"称斤论两"一样，简单计算出一个量化的价值量指数，但我们可以通过专家判断的形式，对各个指标要素在一般情况下对于检察公信力的相对重要性作出公允、权威的判断，并将这些判断用适当的标度数值表现出来，形成判断矩阵。准则层、指标层，这两个层次的测评要素均隶属于目标层，这些要素由于并非可以直接度、量、衡的可量化对象，所以，我们可以召集由检察业务专家、主管政法工作的有关领导、媒体与公众代表组成的评议会，对这些评估要素对总体目标影响程度加以探讨明确，并用数值（1～9）的形式固定下来。例如 A 比 B 稍重要，则标以 3；A 比 C 明显重要，则标以 7。这样不仅可以明确各评价要素的重要性，而且也可以明确其重要程度的数值标度。接下来，根据矩阵代数运算法则，计算出各层次与之有关各要素的相对权重值，这一运算过程的具体步骤我们可以借助计算机层次分析软件完成（也可以通过 excel 软件甚至手工计算完成，具体运算过程略）。① 通过对各测评指标进行赋值，在得到了各测评指标的相对权重值后，再进一步计算出递阶层次结构中，每一层次的各指标要素相对于总目标的相对权重。（详见下表二）

---

① AHP 软件运作可参见莫生红：《基于 AHP 的平衡计分卡评价指标权重计量》，载《财会通讯》（综合版）2008 年第 11 期。

表二：检察公信力 AHP 测评系统三层次分析结构模型

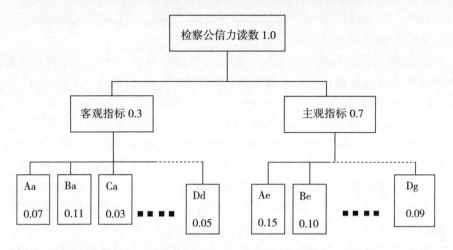

需要特别说明的是，测评指标及其赋值均系人的主观价值判断，因此并不是恒定的。每个测评主体对检察公信力测评指标分类及赋值都可能不同，这同时取决于客观状况与主体认识的差异性，上述分类只是提供一个粗略的参考样本而非赋值标准。

（三）统合分析

在综合专家经验判断和数理运算的基础上，我们得到了上述可应用于检察公信力测评的判断矩阵，这就是检察公信力 AHP 测评系统的最核心内容。接下来就是如何对这一测评系统加以具体运用。据报道，2014 年 5 月，我国首个基层检察院公信力测评在宁波试点。根据宁波市检察院检察长戎雪海的说法，是"希望通过测评，进一步了解宁波市检察机关的公信力状况，动态、准确地了解权重的意见和要求，畅通民意民情沟通渠道"。① 对于本次检察公信力测评的测评方法，相关新闻报道只透露了宁波市检察院将委托专业的第三方机构，采取电话、计算机、访问等形式展开，并未详述其将采用何种测评方法对调研数据进行统合分析，因此，以下拟设采"检察公信力 AHP 测评系统"，以此设例说明。

评估过程：

1. 由待测评检察机关向公允的第三方组织（为保证测评结果客观公正性，

① 参见：《全国首个基层检察院公信力测评在宁波试点》，载"中国宁波网"，访问日期：2014 年 5 月 19 日。

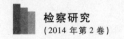
同时鉴于数据保密的需要，该组织应当是检察机关指定的，非盈利性的第三方研究机构，例如设立于高等院校、法学会的"检察制度比较研究中心"等）提交 Aa 至 Dd 项客观指标数据。

2. 由第三方组织通过计算机、电话、问卷等渠道，进行抽样调查及特定人群访谈（人民监督员、廉政监督员、法学专家、政法单位领导等），收集 Ae 至 Dg 项主观指标数据。

3. 将统计及调研所得到的上述 Aa 至 Dg 项主、客观指标的原始读数，分别乘以各自权重，相加后得到检察公信力指数。即："检察公信力指数 = Aa 项指标原始读数 * Aa 项指标权重 + …… + Dg 项指标原始读数 * Dg 项指标权重"。

当然，如此得出的检察公信力指数在孤立存在的情况下是没有任何意义的。只有在进行一定地区范围内不同检察机关公信力程度横向比较及一定时间范围内同一检察机关公信力建设纵向比较时，公信力指数才有它的存在意义。

需要说明的是，与检察业务考评不同，检察公信力测评从根本上来说属于人的主观认识范畴，不可避免的具有模糊性和相对性。因此，无论是对测评要素的提取、赋值，还是评估要素（Aa – Dg）赋值本身，在实践操作中均不可能达到绝对精确。本文尝试将 AHP 法引入检察公信力测评，并非试图要以此将测评机械化，而是期望通过提供一个融合专家意见、集体智慧的分析研判模型，为检察公信力测评的科学化提供参考。

五、检察公信力 AHP 测评系统的应用前景

在当前的网络自媒体时代，社会舆论监督的广度与力度空前加大，检察机关及其执法办案工作的开展乃至检察人员自身的一言一行都时刻处在网络民意的实时关注之下，也正因此，检察公信力建设得到了全国各级检察机关和全体检察人员高度重视，而要使这种"高度重视"真正落到实处，推动解决影响检察公信力的体制性机制性问题，就必须有一个有效的抓手、一个有力的杠杆。[①]

检察公信力 AHP 测评系统就是这样的一个抓手和杠杆，通过对检察公信力程度的准确测评，我们得以正视当前检察机关执法公信力的真实状况，明确检察工作究竟在哪一方面还有所不足，有所欠缺，进而做到有的放矢，在相应方面切实有效地改进工作。最终取得提升检察公信力，树立更加良好的检察形象的社会效果。

---

① 参见谢鹏程：《论司法公信力的建设与测评——以检察公信力为视角》，载《中国司法》2013 年第 10 期。

修改后刑事诉讼法专题研究

论我国逮捕制度的完善
——以海峡两岸制度比较为视角

何启明　陆晓妹[*]

逮捕措施是在法院判决前对犯罪嫌疑人人身自由的剥夺，它与无罪推定之间存在着高度的紧张关系，滥用这一强制措施是对无罪推定原则和人权保护原则的背弃和颠覆。因此，各个国家和地区都对逮捕措施的适用予以严格限制。2012 年我国修改了刑事诉讼法，在司法理念、执法程序以及审查机制等方面对逮捕制度进行了较大幅度的修改。逮捕措施在我国台湾地区被称为审前羁押措施。逮捕制度在台湾地区的改革发端于 20 世纪末，伴随着该地区司法改革的进程而逐渐深入。了解台湾地区审前羁押制度的变迁和革新，对于大陆地区逮捕制度的进一步改革完善具有很大的借鉴意义。正如曾任我国台湾地区"地方法院"和"高等法院"法官及立法委员的谢启大女士所言："在司法演进的道路上，台湾发展的经验，正是祖国大陆司法发展的借鉴。"① 本文从羁押事由、审查程序以及救济途径三个方面，比较大陆和台湾地区的制度异同，以期能对大陆审查逮捕的立法和实践有所助益。

一、羁押事由：羁押目的之体现

审前羁押措施背离了无罪推定的原则，是对人身自由最深重的侵害。但是，它也是有效追诉犯罪，贯彻法治实施的必要手段，这也是审前羁押措施

---

* 何启明，江苏省南通市人民检察院副检察长；陆晓妹，江苏省南通市人民检察院助理检察员，上海财经大学博士研究生。

① 转引自纵博、郝爱军：《近年台湾地区的刑事诉讼改革及其启示》，载《台湾研究集刊》2010 年第 3 期。

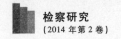
合法性的来源。符合现代法治理念的审前羁押制度，应当体现有效追诉犯罪和限制国家权力、保障基本人权之间的利益平衡，并依此设定合理的羁押事由。

（一）审前羁押的正当目的

1. 保全刑事审判及执行的顺利进行。保全刑事诉讼的顺利进行，被认为是符合现代法治理念的羁押目的。此种保全，一方面表现为保证犯罪嫌疑人在刑事诉讼程序中始终在场，因此犯罪嫌疑人逃避侦查和追诉的行为通常被认为是符合现代法治理念的羁押事由；另一方面，保全还体现在确保犯罪事实的调查和认定上，与之相应，有毁灭、伪造证据或者影响证人作证之危险者，被纳入羁押的正当事由亦是通例。

2. 预防再犯。预防再犯是否构成羁押的正当目的，存在较大的争议。我国台湾地区一些学者认为将羁押作为预防再犯的手段，是对羁押措施的滥用。① 因为按照无罪推定和正当程序原则，罪犯只应当对经由法院宣判的罪行承担刑事责任、接受监禁等刑事处罚，而不得因为可能的尚未经过法院审理和宣判的尚不确定是否为犯罪的行为受到监禁的惩罚，否则社会上每个人的人身自由将受到潜在的威胁。因此以预防再犯为目的的审前羁押，其正当性应当受到质疑。

但是，由于持续犯罪、继续犯罪的长期存在，对公众人身自由和社会秩序造成极大威胁，审前羁押的预防性质在各国受到广泛关注。在德国，羁押的预防性质经历了长期争论，"对审前羁押之法定基础的改革在严格地将之理解为一种确保刑事审判的工具与寻求其预防和压制的潜力之间摇摆不定"。② 德国人在思索和观察了羁押的发展变化后，得出了一个结论，即"在过去的几十年中，由于犯罪嫌疑人的构成和犯罪结构方面的巨大变化，已经呈现出一种将预防作为审前羁押之主要目标的趋势"。③ 在法国和日本的刑事诉讼法中，预

---

① 参见林钰雄：《刑事诉讼法》（上册，总论篇），中国人民大学出版社 2005 年版，第 265 页。

② 转引自［德］汉斯—约格·阿尔布莱希特：《审前羁押——实证的情况》，载陈光中、汉斯—约格·阿尔布莱希特主编：《中德强制措施国际研讨会论文集》，中国人民公安大学出版社 2003 年版，第 121 页。

③ 转引自［德］汉斯—约格·阿尔布莱希特：《审前羁押——实证的情况》，载陈光中、汉斯—约格·阿尔布莱希特主编：《中德强制措施国际研讨会论文集》，中国人民公安大学出版社 2003 年版，第 121 页。

防性羁押也得到了确认。在美国，经历了长期争议之后，为保护公众免受犯罪嫌疑人审前释放期间所犯新罪的危害，《1984 年保释改革法》的出台结束了对羁押预防性质的争论，正式确认了羁押具有预防的性质。[①] 因此，从羁押制度发展的国际趋势以及现实需要来看，预防犯罪嫌疑人在审前再犯应当被纳入羁押的目的。

（二）两地羁押事由的设定与比较

海峡两岸关于羁押事由的规定不尽相同，体现了两地关于羁押目的的不同理解。我国台湾地区"刑事诉讼法"中规定的羁押事由主要有二：一是"非予羁押，显难进行追诉、审判或执行者"，包括有"逃亡或有事实足认为有逃亡之虞"、"有事实足认为有湮灭、伪造、编造证据或勾串共犯或证人之虞者"、"所为犯为死刑、无期徒刑或最轻本刑为五年以上有期徒刑之罪者"三种情形；[②] 二是有反复实施同一犯罪之虞而有羁押必要者，主要针对的是刑诉法所列的特定罪名。[③] 显然，前一种羁押事由体现的是保全诉讼之目的，后者则体现的是犯罪预防之目的。

大陆的逮捕制度，自 2012 年刑事诉讼法修改后发生了较大的变化。法定的逮捕事由包括：一是"具有社会危险性"，包括"可能实施新的犯罪"、"有危害国家安全、公共安全或者社会秩序的现实危险的"、"可能毁灭、伪造证据，干扰证人作证或者串供的"、"可能对被害人、举报人、控告人实施打击报复的"、"可能自杀或者逃跑"五种情形；二是可能判处 10 年有期徒刑以上刑罚的；三是可能判处徒刑以上刑罚，曾经故意犯罪的，或身份不明的；四是违反取保候审、监视居住规定情节严重的。

与我国台湾地区的羁押事由相似，大陆的羁押事由也包括了基于保全诉讼之事由，如可能自杀、逃跑或者可能妨害作证等情形，以及基于预防再犯的事由，如可能实施新的犯罪或者曾经故意犯罪等（两地羁押事由的对比如下图）。

---

① 参见李剑飞译：《美国 1984 年联邦保释改革法》，载王以真主编：《外国刑事诉讼法参考资料》，北京大学出版社 1995 年版，第 312 页。

② 我国台湾地区"刑事诉讼法"第 101 条。

③ 包括放火罪、准放火罪、强制性交罪、加重强制猥亵罪、乘机性交猥亵罪、与幼年男女性交或猥亵罪、伤害罪、妨害自由罪、恐吓危害安全罪、窃盗罪、抢夺罪、诈欺罪、恐吓取财罪。

两地羁押事由比较图

大 陆			台湾地区	
前提：（1）有证据证明有犯罪事实；（2）可能判处徒刑以上刑罚	（3）采取保候审不足以防止社会危险性	可能自杀或者逃跑的	前提：（1）犯罪嫌疑重大；（2）有羁押之必要	逃亡或有事实足认为有逃亡之虞
		可能毁灭、伪造证据，干扰证人作证或者串供的		有事实足认为有湮灭、伪造、编造证据或勾串共犯或证人之虞
		可能实施新的犯罪的		有事实足以认为有反复实施同一罪名之虞
		有危害国家安全、公共安全或者社会秩序的现实危险的		
		可能对被害人、举报人、控告人实施打击报复的		
	可能判处 10 年有期徒刑以上刑罚的			所犯为死刑、无期徒刑或最轻本刑为 5 年以上有期徒刑之罪者
	曾经故意犯罪的			
	身份不明的			
违反取保候审、监视居住规定，情节严重				

　　受传统犯罪控制模式的影响，大陆羁押制度一度服从于犯罪的侦查和案件真实的发现。在 2012 年刑事诉讼法修改以前，旧刑诉法对于逮捕要件做了"不足以防止社会危险性"这一宽泛界定，使得"社会危险性"要件形同虚设，形成了实践中"够罪即捕"的普遍做法，违背了现代法治精神和羁押制度的内核。2012 年刑事诉讼法修改了羁押要件，反映出立法者在羁押制度的设计上有重归理性和科学的趋势。但是，笔者认为在具体的条款设定上，仍然存在浓重的职权主义色彩和犯罪控制价值追求。

　　首先，重罪不宜作为单独的羁押事由。尽管我国台湾地区、德国均规定了重罪羁押，但是台湾地区"刑事诉讼法"还规定了即使适用重罪羁押，仍然应当考虑是否有羁押之必要；而德国则是通过"合宪性解释"的途径，对重罪羁押进行了限缩性适用，认为所犯重罪不足以成为单独的羁押事由，仍然必须具备逃亡、逃亡危险或晦暗危险的原因。但是由于可能期待的刑罚制裁较为严厉，"冒险犯难"的诱因也随之增加，因此逃亡或晦暗危险的认定可以较为宽松。① 反观大陆的刑事诉讼法，对于可能判处 10 年以上有期徒刑的，应当径行逮捕，没有给予决定机关考量逮捕必要性的自由裁量权。

其次，对于预防性逮捕规定得过于宽泛。台湾地区"刑事诉讼法"将此类羁押严格限定于特定的几类罪名，② 同时仍然要求决定机关考虑羁押的必要性，这与德国的立法例一脉相承，体现了比例原则和必要性原则的要求。大陆的规定则宽泛得多。一是没有区分"社会危险性"的大小。比例原则要求"限制基本权利所造成的不利益，不应超过其所欲维护之利益"。羁押是对人身自由的禁锢和剥夺，适用羁押应当出于对重大利益的维护。如果"可能实施的新的犯罪"非常轻微，或者拟进行的"打击报复"手段方法危害轻微的，按照刑诉法规定仍应逮捕，显然已经超出羁押之必要。二是将"曾经故意犯罪"作为径行逮捕情形不妥。如果所犯之罪虽可能判处徒刑以上刑罚但罪行轻微，或者事隔已久，按照现有规定仍"应当予以逮捕"显属不当。笔者认为对于曾经故意犯罪的，应当在时间上和罪名上加以限定，例如规定在 5 年内曾经故意犯同种罪的，可以径行逮捕。

二、审查程序：正当程序之要求

审前羁押是对未经判决定罪者人身自由的剥夺，这决定了其本质上是一种"恶"。为实现"善"之目的，除了必须对"恶"施以实体控制外，还需制以正当程序。羁押的程序要件主要包括羁押的决定机关、审查程序、羁押期限等。

（一）决定机关

我国台湾地区羁押决定权经历了从双轨制向单一制转变的过程，即在 1997 年 12 月 21 日之前，侦查阶段的羁押决定权由检察机关行使；审判阶段的决定权则交由法院。大陆羁押权配置与台湾修法之前相同，即侦查阶段逮捕决定权由检察机关行使，审判阶段由法院行使。不同的是，大陆的职务犯罪案

---

① 参见林钰雄：《刑事诉讼法》（上册，总论篇），中国人民大学出版社 2005 年版，第 265 页。

② 包括放火罪、准放火罪、强制性交罪、加重强制猥亵罪、乘机性交猥亵罪、与幼年男女性交或猥亵罪、伤害罪、妨害自由罪、恐吓危害安全罪、窃盗罪、抢夺罪、诈欺罪、恐吓取财罪。

件实行上提一级制度，即基层检察院职务犯罪侦查部门侦查的案件，需移送上一级检察机关侦查监督部门审查决定逮捕。

在羁押的决定机关上，我国台湾地区之所以转向绝对的"法官保留"原则，在法理上的考虑主要有二：一是基于"违宪"考虑。台湾地区"宪法"第 8 条规定拘捕机关在拘捕后，必须于 24 小时内移送"法院"审问，受拘捕之本人或他人亦得声请"法院"于 24 小时内向拘捕机关提审。显然，检察机关并不属于"法院"，并无决定羁押的权限，按照宪法优位的原则，刑诉法中对检察机关的授权当属无效。二是基于检察机关和法院的角色定位。在我国台湾地区的制度设计中，检察机关在性质上被认为是侦查机关，而羁押的本质决定了羁押"必须由受人身及事物独立性原则保障以及受法定法官原则拘束之中立第三人"① 来决定，以有效确保当事人之基本权利，防范滥权侵害。

在 2012 年刑事诉讼法修改的过程中，检察机关逮捕权的废留也曾是争论的焦点。诚然，从西方国家以及我国台湾地区羁押权的配置发展来看，法院决定羁押已成通例。但是，决定制度生命力的不是空洞的表象或虚无的概念，而是支撑制度设计的价值理念；制度移植并非纯粹的规则复制，而是博采众长、吸纳精髓，并融入本土特色。就羁押的决定权而言，要看到西方国家采用"法院决定羁押"这一表象的背后，是因其法院具有更强的独立性、专业性，同时其检察机关隶属行政机关或侦查机关，因此在一般社会认知上，法院比检察机关更适合行使羁押决定权。但在大陆，检察机关是法律监督机关，其与公安、法院之间是相互独立的。法院与检察院相比，其地位未必更为超脱和独立。从人员配置、组织机构、工作经验等因素考虑，检察人员的专业素能与法院刑事法官的素能亦无很大的差距。因而，在大陆目前的制度体系下，"法院决定羁押"的通例在大陆并不能找到其存在的合理性和必然性。

当然，由于大陆检察机关还肩负着职务犯罪侦查的职能，此种情形下检察机关是否能以中立、公正的立场行使批捕权备受质疑。为解决这一问题，从 2009 年 9 月开始，此类案件实行分州市和基层检察机关办理的职务犯罪案件批捕权"上提一级"的审查机制。制度设计的初衷在于通过错级审查的方式，实现对职务犯罪案件侦查活动的有效监督，解决同一检察机关自侦自捕的问题，以在系统内部实现侦查权与羁押权的自洽。为检视这一制度的实效，笔者考察了南通地区 2007 年 9 月至 2013 年 9 月间每年两类案件的逮捕率。尽管职务犯罪案件的逮捕率始终高于普通职务犯罪案件，但是自 2009 年 9 月实施

---

① 林钰雄：《刑事诉讼法》（上册，总论篇），中国人民大学出版社 2005 年版，第267 页。

"上提一级"制度以来，职务犯罪案件的逮捕率总体呈下降趋势。由此看来，错级审查机制相比于原来同院审查的模式是一大进步，在一定程度上实现了监督自侦部门、保障犯罪嫌疑人权利的目的。笔者认为，在当前职务犯罪侦查权和批捕权不可能从检察机关剥离的情况下，这一机制是现有制度框架下监督自侦部门侦查活动的有效途径。

（二）审查程序

我国台湾地区侦查中的羁押审查流程大体可以分为三步：首先是合法的拘提或逮捕程序（相当于大陆的拘留措施），由于采拘捕前置主义，只有经合法拘提或逮捕程序方可声请拘押；其次是检察官处置，检察官讯问被告人后，认为有羁押必要的，应自拘提或逮捕之时起 24 小时内声请法院羁押；第三是法院审查并决定羁押与否，审查采言词审理原则，必须讯问被告人，不得迳以书面审查。

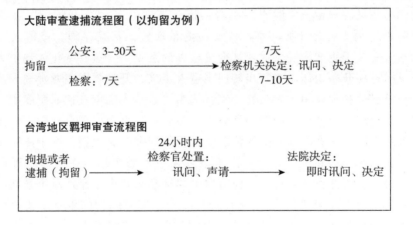

大陆是否采拘捕前置主义，刑事诉讼法没有明示。《刑事诉讼法》第 85 条规定："公安机关要求逮捕犯罪嫌疑人的时候，应当写出提请批准逮捕书……"该条并未要求犯罪嫌疑人已被刑事拘留；对取保候审、监视居住转逮捕的犯罪嫌疑人，刑诉法规定可以先行拘留。"可以"意味着公安机关对是否拘留犯罪嫌疑人享有自由裁量权，由此可推断刑诉法并不要求逮捕之前嫌疑人已经处于拘留状态，这一结论也与《人民检察院刑事诉讼规则（试行）》一致。① 在期限上，与我国台湾地区要求必须在 24 小时内将声请羁押的被告移送法院审查不同，大陆对拘留期限的规定十分宽松，特殊情况下公安机关侦查的案件最长可以延长至 30 日。在审查过程中，大陆没有采取绝对的言词审理原则，而是规定"可以"讯问犯罪嫌疑人，但是存在"是否符合逮捕条件有疑问"、"犯罪嫌疑人要求向检察人员当面陈述的"以及"侦查活动可能有重大违法行为"情形之一的，应当讯问。《人民检察院刑事诉讼规则（试行）》进一步规定，对于不予讯问的，应当送达听取犯罪嫌疑人意见书，并及时收回审查附卷，发现有应当讯问的要及时讯问。在司法实践中，各地的掌握尺度不一，有些地方自行规定每案必讯，有些地方则按照刑事诉讼法的规定执行。

在上述诸多差异中，最值得大陆借鉴的是台湾地区对于羁押程序司法属性的强调。羁押程序的司法属性意味着要保障控辩双方的参与性和对抗性，围绕这一理念台湾地区"刑事诉讼法"设定了包括讯问、检察官到场、辩护人到场、告知犯罪嫌疑人和辩护人羁押事由及依据等规则，防止法官的言辞审查变为纠问式的审查。大陆刑事诉讼法修改后，增加了有关讯问犯罪嫌疑人、听取辩护律师意见等规定，实践中一些检察机关还实行了"公开听审"制度，即以"听审"的方式公开听取侦查机关、犯罪嫌疑人及其律师、被害人及其法定代理人等关于犯罪嫌疑人逮捕社会危险性的意见等。这些变化体现了大陆的审查逮捕程序开始由纠问式逐步转向当事人主义，开始强调犯罪嫌疑人及其辩护人在审查逮捕程序中的参与性。笔者认为，这是大陆审查逮捕制度变革积极一面，符合现代法治理念的趋势和要求。但是也要看到，现有规则下犯罪嫌疑人的参与程度还受到某种程度的限制。以听取律师意见为例，由于法律规定的是"可以"听取，因此一些地方由于案多人少矛盾突出，在律师没有提出听取要求时不去听取律师意见。即使听取了律师意见，由于律师对于案情的掌握仅限于会见当事人中获取的"一面之词"，对于影响羁押的重要事实缺乏必要的认知，导致无法提出实质性意见，"听取程序"常常流于形式。为了有效保障犯罪嫌疑人的申辩权，笔者建议增设以下规定：一是侦查机关提捕时应同时将提捕书送达辩护律师，以使其了解据以提捕的事实和理由；二是在审查逮捕决定作出后，检察机关应当告知辩护律师审查结果和据以决定的事实依据。

（三）羁押期限

我国台湾地区的犯罪嫌疑人羁押期限自押票签发之日起计算，在侦查中不

---

① 《人民检察院刑事诉讼规则（试行）》中对审查逮捕阶段未被拘留的犯罪嫌疑人的讯问、审查期限等做了规定，表明未被拘留的人员亦可以被提请批准逮捕。

得超过 2 个月，可延长 1 次，因此最长羁押期限为 4 个月。延长羁押的裁定机关，为决定羁押的法院。并且"在侦查中延长羁押期间，应由检察官附具体理由，至迟于期间届满之五日前声请法院裁定"。法院需在依法讯问被告后，以裁定延长之。

大陆犯罪嫌疑人逮捕后的侦查羁押期限一般不得超过 2 个月，但在法定特殊情况下，逮捕后的羁押期限可以由上一级人民检察院和省级人民检察院批准或者决定延长羁押，最长可达 7 个月。此外，在侦查期间发现另有重要罪行的，自发现之日起重新计算侦查羁押期限；身份不明的，自查明身份之日起计算。在审查程序方面，实行层级审查制，即侦查机关向同级检察机关移送延长侦查羁押期限意见书，同级检察机关提出是否同意的审查意见后，报检察长决定后层报有决定权的检察院决定。在审查过程中，只进行书面审查，不讯问犯罪嫌疑人。

和我国台湾地区相比，大陆刑事诉讼法关于羁押期限的规定更为宽松，弹性更大。在审查程序方面，大陆决定延长羁押期限的程序是书面行政式的，没有赋予被羁押人抗辩机会。因此，笔者认为，羁押延长与羁押决定一样，都应当受到程序的严格控制。在现有制度下，需要进一步加强延长程序中双方的对抗性，强化当事人一方的申辩权利，增加讯问和听取律师意见的环节。

三、羁押救济：无救济则无权利

(一) 我国台湾地区的羁押救济

我国台湾地区"刑事诉讼法"中，对于决定羁押裁定的救济途径分为两种：一是一般救济，学理上又称为"准抗告"，是被羁押人针对与羁押有关的裁定抗告于直接上级法院；二是特别救济，包括羁押的撤销和停止。

羁押撤销的法定原因包括羁押原因消灭和羁押期间届满。① 其中，当羁押原因消灭时，可以由法院依职权撤销羁押，亦可依被告、辩护人、得为被告辅佐人者或检察官（侦查中）声请启动；羁押期限届满则包括了"羁押期间届满未延长"、"经上诉，羁押期间已逾原审判决刑期"、"受不起诉处分"以及"被告被处无罪、免诉、缓刑、罚金"等四种视为撤销羁押的情形。

羁押的停止，是指"羁押原因仍在，但无羁押之必要，而以具保、责付

---

① 羁押原因消灭，参见我国台湾地区"刑事诉讼法"第 107 条；羁押期间届满，参见我国台湾地区"刑事诉讼法"第 108、109、259、316 条。

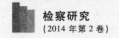

或限制住居为代替手段，暂时停止羁押之执行而使被告免受拘禁自由者"。①
停止羁押的声请可以由被告、辩护人及得为被告人之辅佐人者随时提出，检察
官在侦查中亦可声请。对于"所犯为最重本刑为三年以下有期徒刑、拘役或
专科罚金之罪者。但累犯、常业犯、有犯罪习惯、假释中更犯罪或依第一百○
一条第一项（一般性羁押）"、"怀胎五月以上或生产后二月未满者"、"现罹
疾病，非保外治疗显难痊愈者"，如声请具保停止羁押，法院不得驳回。②

（二）大陆的羁押救济

大陆对审前羁押的法律救济主要表现在逮捕措施的撤销或者变更上，事由
主要包括捕后发现有"无逮捕必要"、"采取强制措施不当"、"不能在法定期
限内办结的"、"法定期限届满"等四种情形之一的。③在程序上，检察院负
有捕后羁押必要性继续审查的义务，发现不需要继续羁押的，应当建议释放或
变更强制措施。此外，在程序的提起方面，法院、检察院、公安机关均可依职
权及时解除或变更逮捕措施；犯罪嫌疑人、被告人及其法定代理人、近亲属或
辩护人有权申请变更强制措施，对于法定期限届满的，有权要求解除强制
措施。

（三）评价

就上述规定比较，可以发现大陆的救济途径基本涵盖了我国台湾地区的特
别救济途径，特别是修改后刑事诉讼法增加了检察机关捕后羁押必要性审查的
义务，其意旨与我国台湾地区因法定原因消灭而撤销羁押的规定一致，从而使
得羁押必要性的审查贯穿于整个羁押过程，有利于有效保障犯罪嫌疑人的
权利。

不同的是，大陆没有规定当事人对于逮捕决定有抗告权或复议复核权，对
于检察机关、法院做出的逮捕决定只能申请变更。与之形成对比的是，法律却
赋予了侦查机关对检察机关不捕决定的复议复核权。在原本已经力量失衡的侦
查机关与犯罪嫌疑人之间，法律的天平再次倾向于侦查机关，使得犯罪嫌疑人
的处境更堪忧虑。笔者认为，这样的法律规定有失公正，建议赋予犯罪嫌疑人
对逮捕决定的复议复核权。

---

① 林钰雄：《刑事诉讼法》（上册，总论篇），中国人民大学出版社 2005 年版，第
292 页。

② 参见台湾地区"刑事诉讼法"第 114 条。

③ 参见《中华人民共和国刑事诉讼法》第 93、94、96、97 条。

法律虽然赋予了犯罪嫌疑人变更、撤销强制措施的申请权，但是这一权利难以从实质上保障犯罪嫌疑人的权利。理由有四：首先，从审查主体来看，受理申请的主体为原决定机关，寄望其自查自纠错误的逮捕决定，在现行考核机制下是不现实的；其次，从审查程序来看，职能机关采书面审查方式，无需听取嫌疑人及其辩护人的意见，这种审查方式很难发现影响羁押必要性的因素；再次，法律未赋予不服不予变更或不予撤销决定的当事人以其他救济途径，这实际上使犯罪嫌疑人申请权被虚化，因为无救济则无权利；最后，从实践来看，捕后变更强制措施的绝大部分是侦查机关自行变更或者撤销强制措施，很少有因犯罪嫌疑人一方提出变更申请而予以变更的，或者是决定机关自行纠正的，这也从侧面印证了笔者的前述观点。笔者认为在现有的体制下，在有权机关作出不予变更或不予撤销强制措施的决定时，法律应当赋予当事人向原决定机关申请复议和向上一级检察机关申请复核的权利。

四、结语

一个国家或者地区刑事羁押制度的设计，总是在犯罪追究与人权保障之间反复权衡。"一个国家内部秩序乃显现于如何妥当地解决此一对冲突：集权国家在错误之国家与人民对立关系中，轻易地过度强调国家与团体利益，而重视刑事程序之有效而顺利地进行；反之，在民主法治国家，解决此一冲突情况，则不以国家与人民之对立关系而作决定，认为国家应当拥有两个同时要求之目的，即经由刑事追诉与审判，以确保法律秩序，并保护两个同时要追求之目的。"① 2012 年对刑事诉讼法羁押制度的修改，表明大陆的羁押制度在经历了多年的反思之后，正处于理论纠偏、改革创新的道路上。我国台湾地区的制度博采英美法系和大陆法系之精髓，其中有很多值得大陆借鉴和引进的地方。但是也要看到，因地域特征、法治建设进程等等因素的影响，大陆并不能照搬照抄台湾地区的经验。只有把握羁押制度的精神内核，明确科学合理的羁押目的，并以此指导羁押制度的完善，方能在犯罪追究和人权保障之间寻找到具有大陆本土特色的平衡点。

---

① 林山田：《刑事程序法》，五南图书出版股份有限公司 2004 年版，第 213 页。

强制医疗程序司法实践情况调研报告

——以江苏南通地区检察机关办理案件为样本

李 铁 付继博[*]

依法不负刑事责任精神病人的强制医疗程序从本质上讲是将限制精神病人人身自由的决定按司法程序作出，使之更加公开透明、科学合理，更有利于保障精神病人的人权。强制医疗程序执行 1 年多来，因法律规定相对原则，很多具体操作程序尚不明确，各地司法机关在实践中依据法条和立法精神作了一定探索。本文选取江苏省南通地区检察机关的部分案件样本，对该程序的实际执行情况进行调查研究，还原司法实践中的真实案件，同时提出案件办理已经及可能遇到的问题，并尝试提出解决方案。

一、强制医疗特别程序——以人权保障为价值目标

近年来，我国精神疾病患病率呈明显上升趋势，精神和神经疾病在当前疾病总负担中排名前列，约占疾病总负担的 20%。[①] 伴随的两大社会问题是：一方面，很多精神病人得不到救治和严重精神病人存在伤害自身、危害社会的危险性。据统计，近 10 年来，我国各精神病院累计收治肇事肇祸精神病患者75000 例，有杀人行为者约占 30%。[②] 另一方面，由于强制收治精神病患者程

---

[*] 李铁，江苏省海门市人民检察院检察长；付继博，江苏省海门市人民检察院办公室副主任。

① 参见郭华：《精神病司法鉴定若干法律问题研究》，载《法学家》2012 年第 2 期。
② 参见邓国良：《暴力型精神病人强制医疗申请与决定程序之修改建议》，载《江西警察学院学报》2011 年第 5 期。

序的缺失，屡屡出现"被精神病"的现象，① 引发社会质疑。为了确保有肇事肇祸危险的严重精神病人不因疏于管理而危害社会，确保无须住院治疗的公民不因程序、制度缺失而被强制收治，刑事诉讼法专设了"依法不负刑事责任的精神病人的强制医疗程序"，以公开透明的司法程序保障非精神病人不被错误认定为精神病人而被限制人身自由，通过严格的刑事诉讼程序保障涉案精神病人的合法权利。在刑事诉讼法中规定该程序，并非将精神病人看做犯罪嫌疑人，而是最大限度保障精神病人的人权。

二、检察实践中案例样本

笔者以江苏省南通市检察机关受理的 6 件依法不负刑事责任的精神病人的强制医疗程序案件为样本，分析案件特征。案件样本情况如下：

表 1：涉案精神病人个人特征情况

编号	涉案精神病人	年龄	性别	文化程度	病情	备注
1	董某	24 岁	男	文盲	精神发育迟滞（中度）	自小智力低下不能自理
2	奚某	44 岁	女	大专	精神分裂症	成年后患病
3	徐某	26 岁	女	文盲	精神发育迟滞（轻度）伴精神障碍	其母亦患有精神疾病
4	黄某	23 岁	男	初中	精神分裂症	平时用铁链拴在家
5	夏某	60 岁	男	文盲	慢性精神分裂症	住敬老院
6	沙某	43 岁	女	文盲	精神发育迟滞（中度）伴精神障碍	十几岁起精神不正常

注：样本案件中，从年龄上看老中青年皆有；从性别上看男女皆有；文化程度多数较低，发病较早的因教育障碍多人为文盲；从病情来看多为常见的精神分裂症及精神发育迟滞症。

---

① 社会关注度较高的是行政强制医疗，如湖北省十堰市网友"彭宝泉被精神病事件"，彭因拍摄群众上访照片，被送进派出所，并被派出所送进当地的茅箭精神病医院。另外，民间也存在近亲属为争夺财产而将亲人"被精神病"的现象，如《海峡都市报》报道的"亲人为夺财产强送我入精神病院"，载 http://www.nhaidu.com/news/69/n－179569.html，访问时间：2014 年 3 月 6 日。

表 2：涉案精神病人涉嫌的暴力行为情况

编号	涉案精神病人	暴力行为	被害人身份	后果
1	董某	强奸妇女	邻村村民	强奸 3 人均未得逞
2	奚某	放火	奚某保姆	被害人被烧死亡
3	徐某	扼颈刀刺	徐某女儿	被害人重伤
4	黄某	殴打	黄某母亲	被害人死亡
5	夏某	砖砸头部	敬老院老人	被害人死亡
6	沙某	刀砍耙刺	沙某养母	被害人死亡

注：样本案件中，从暴力行为看，多为以暴力手段杀、伤他人，手段残忍，个别为强行与他人发生性关系；被害人多为涉案精神病人身边的人，亲友受伤害比例高；从结果上看，造成后果严重，死亡、重伤占比高。

表 3：涉案精神病人经济状况及监护条件情况①

编号	涉案精神病人	家庭经济情况	监护条件情况
1	董某	较差	其家中对其监护能力弱，其经常四处游荡。
2	奚某	较好	离异，无家人对其监护。
3	徐某	较差	徐某母亲亦有精神疾病，其父、兄无监护能力。徐某丈夫需打工养家也无全天监护能力。
4	黄某	很差	平时用铁链拴在家里，其母亲已被黄某杀死，其他家人无监护能力。
5	夏某	一般	住敬老院，家人未直接监护。
6	沙某	很差	其母已死亡，两个姐姐嫁人，无监护能力。

注：样本案件中，多数涉案精神病人家庭经济情况较差；监护条件不佳，要么无人监护，要么家人放弃监护。

三、办案实践中的程序保障与实体认定

《刑事诉讼法》第 284 条规定："实施暴力行为，危害公共安全或者严重危害公民人身安全，经法定程序鉴定依法不负刑事责任的精神病人，有继续危

---

① 按照本地平均居民经济状况为参照，"较好"是指稍高于平均水平，"一般"是指达到平均水平，"较差"是指稍差于平均水平，"很差"是指经济状况已严重影响生计。根据案件证据的粗略估计，并非精确计算。

害社会可能的，可以予以强制医疗。"强制医疗由人民法院决定。公安机关发现精神病人符合强制医疗条件的，应当写出强制医疗意见书，移送人民检察院，人民检察院认为符合强制医疗条件的应当向人民法院提出强制医疗的申请。因强制医疗程序仅有六个条文，很多具体操作标准需要依据司法解释和法条精神进行实践。

（一）程序性实践中的诉讼权利的保障

1. 保护性拘束措施。根据《刑事诉讼法》第 285 条第 3 款规定，对实施暴力行为的精神病人，在人民法院决定强制医疗前，公安机关可以采取临时的保护性约束措施。对于临时性的保护性拘束措施的性质，有人将保护性约束措施理解为独立的强制措施种类，"考虑到对精神病人采取的措施应当以治疗和改善其精神状况为目的，不适合采用刑事诉讼法规定的拘留、逮捕等强制措施"，①但在司法实践中，从案发到公安机关处警、侦查取证、鉴定是一个非常复杂的过程，临时性的保护性拘束措施应从何时开始执行、如何执行都是需要明确的要点。

实践中，公安机关对精神病人案件处警一般分为三个阶段：

（1）案发作为普通刑事案件采取刑事强制措施（如刑拘）；

（2）发现行为人可能是精神病人并委托鉴定等待鉴定结果；

（3）经鉴定确定为精神病人转为强制医疗特别程序。

在第一阶段，案件突发，为了控制实施危害行为的精神病人会采取刑事拘留等强制措施，而不是保护性拘束措施，这是没有疑问的。第三阶段已经有鉴定依据为精神病人，应当转为临时性的保护性拘束措施也没有疑问。争议点在第二阶段，此阶段有证据（包括其行为举止、相关证人证言等）表明行为人可能是精神病人，但还没有明确的鉴定意见，实践中鉴定期限从半个月到数个月不等，在此期间是继续采取刑事强制措施还是转为临时性的保护性拘束措施？我们认为：从保障行为人和保护相关人员的权利角度看，应当在此阶段就采取临时性的保护性拘束措施。以编号 2 奚某案为例，其在刑事拘留期间，就"经常辱骂他人，骂人时表情狰狞、情绪激动……时常出现幻觉，认为别人用发射器向其脑袋里注射东西……"② 在此期间，如果将疑似精神病人与其他犯罪嫌疑人共同关押，因其情绪不稳定，攻击性强，很可能造成二次伤害，无论是疑似精神病人伤害其他人员，还是其他人员因自卫而伤害疑似精神病人，都是对相关人员合法权利的侵害，这种侵害是可以通过临时性的保护性拘束措施

---

① 程雷：《强制医疗程序解释学研究》，载《浙江工商大学学报》2013 年第 5 期。

② 引自南通市看守所 2013 年出具的"情况说明"。

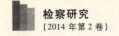

避免的，所以在此阶段就应当采取保护性拘束措施。

对于临时性的保护性拘束措施应当在何处执行，主要有三种观点：一是认为可以在家执行，由公安机关专员看护；二是认为由公安机关设置专门场所执行；三是认为由专门的精神病院执行。根据司法实践的具体情况，我们同意第三种观点，且应由公安机关针对肇事精神病人增加特别的看护措施。第一种观点虽然最大程度上保护了精神病人的人身自由和权利，但忽视了危险性，只适宜危险性较小的行为人。精神病人之所以能够肇事，多数与其监护条件有直接或间接的原因，将其放置家中看护无疑增加了再次肇事的风险。第二种观点虽然能保证精神病人与其他犯罪嫌疑人隔离，但无法在精神病人发病时对其进行及时治疗，而且公安人员并非医生，在紧急救助方面专业性也不够强。实践中，也多由专门的精神病医院执行临时性的保护性拘束措施。我们认为，公安机关还应当增加特别看护条件，如专人监控、定期会见、向医生了解看护情况并制作笔录等等。

2. 会见涉案精神病人。最高人民法院关于《适用〈中华人民共和国刑事诉讼法〉的解释》第五百二十九条第二款规定，审理人民检察院申请强制医疗的案件，应当会见被申请人。但法律及《人民检察院刑事诉讼规则（试行）》（以下简称为《刑诉规则》）并没有要求检察机关办案人员会见涉案精神病人。

尽管如此，我们认为检察机关办案人员有必要进行会见。一是核实涉案精神病人的身份，包括核对身份证、户籍证明照片等，确定主体没有错误。二是观察涉案精神病人的精神状态，察言观色从直观上判断是否具有刑事责任能力，防止出现"被精神病"的情况。三是询问涉案精神病人相关案情，丧失控制能力但具备辨认能力的精神病人还可以复述案件，对符合其辨认能力事实的陈述也可以作为证据使用。

3. 听取法定代理人意见。刑事诉讼法和《刑诉规则》并未要求检察机关听取涉案精神病人法定代理人的意见。但司法实践中，办案人员一般会听取法定代理人的意见，主要考虑以下几个方面的因素：第一，法定代理人的监护能力是判断涉案精神病人是否有继续危害社会可能的因素之一；第二，听取其对强制医疗的意见，如果其支持强制医疗会积极配合执行；第三，法定代理人对涉案精神病人了解最深入，是最直观的证人证言。如编号 1 董某案法定代理人刘某希望能继续监护董某"之所以出现这样的情况，是因为前一段时间我女儿家盖房子，我去帮忙了，让他一个人在家，没有管住他，没想到他就干了错事，平时在我身边还是很听话的"。① 尽管法定代理人的意见不是决定性因素，

---

① 2013 年 11 月 4 日检察人员对刘某的询问笔录。

但了解其意见后使案件办理更加主动。

(二) 实体性实践——案件事实证据标准

强制医疗程序是刑事诉讼的特别程序，对案件事实的证据标准自然应当与刑事案件一致。从立法目的上讲，将强制医疗程序纳入到刑事诉讼中也是为了以刑事诉讼严格的证据标准保障未实施危害社会行为的精神病人不被限制人身自由。在司法实践中，不能因为精神病人没有辩护能力或辩护能力弱而降低危害行为事实的证明标准。

危害公共安全或者严重危害公民人身安全的行为系涉案精神病人所为是对其决定强制医疗的前提条件，如果按照刑事诉讼的证据标准，即排除合理怀疑，不能证明涉案精神病人实施了危害行为，就不能适用强制医疗程序。即便按照其他法律、法规应当对涉案精神病人进行治疗或救助，那也应当按照相关的法律、法规进行，而不能依据刑事诉讼法对其强制医疗，如按照精神卫生法规定对其进行收治。[①]

如编号 6 沙某涉嫌杀人案，公安机关认定：涉案精神病人沙某于 2013 年 6 月 26 日 6 时许，在 H 市 B 镇家中，使用竹柄铁耙、菜刀等物对其母杨某右颞顶部、右下颌部及四肢进行砍划、刺戳，造成杨某头面部及四肢多处裂创致大失血死亡。相关证据及尸体检验意见指向是他杀；证人证言证明沙某系杨某女儿，共同生活，杨有老年痴呆，但没有人看见或听见案发过程；沙某身上有血迹与杨某 DNA 型相同；物证证明凶器，但未提取到指纹；而涉案精神病人无法正常表达。该案中，无直接证据证明沙某杀人，而间接证据又不能排除第三人作案的可能。[②] 故将该案退回公安机关补充证据，如果不能补充到排除第三人作案的证据则不能定案。

---

① 根据《精神卫生法》第 30 条、第 35 条的规定，已经发生危害他人安全的行为，或者有危害他人安全的危险的精神病人，在经过鉴定以及复诊、重新鉴定后，可以由公安机关协助采取强制措施住院治疗。但这与刑诉法中的强制医疗措施有本质的区别，是一种行政强制措施。而在此之前，无论是否构成犯罪，各地对精神病人基本上都是按照当地的地方法规或行政法规进行强制收治，如《沈阳市收治危害社会治安精神病人办法》、《天津市收治管理危害社会治安精神病人办法》等。在精神卫生法和刑事诉讼法实施之后，对于精神病人，按照是否实施了犯罪行为，分别对其实施行政性的强制收治和刑诉法上的强制医疗，因此将出现二者并行的局面。

② 司法实践中，有单凭间接证据定罪的故意杀人案，但对间接证据要求很高，如《刑事审判参考》2008 年第 6 集（总第 65 集）刊登的杨飞故意杀人案。沙某案虽发生在室内，但由于沙某出入使房间不具有封闭性，难以得出排他性结论。

四、实践问题及其解决

以上是强制医疗程序的部分司法实践情况，因该程序实施仅 1 年多，需要细化、明确的问题有很多，此处选取 4 个相对重要且亟待解决的问题讨论。

（一）严重危害公民人身安全行为的界定

精神病人实施的暴力行为危害公共安全或者严重危害公民人身安全是强制医疗的条件之一，实践中应当如何理解严重危害公民人身安全，司法实践中应采取何种标准？本文 6 个样本案例的行为暴力程度高，后果严重，① 故没有这方面的争议。但随着案件数量的增加，今后的司法实践中必然会面临这个问题。

刑事诉讼法修改"一读稿"曾规定强制医疗程序仅适用于实施暴力行为危害公共安全或致人死亡、重伤的精神病人。在法律修改过程中，有意见认为，司法实践中精神病人致人死亡、重伤案件较少，多数精神病人行为的危害后果并未达到如此严重的程度。但有的具有暴力倾向的精神病人，其行为危害后果虽未达到致人死亡、重伤的程度，却同样具有比较严重的社会危险性，法律规定不宜过死。因此，现行刑诉法规定"严重危害公民人身安全"包括致人死亡、重伤的情形，但并不限于此两种情形，也包括其他危害公民人身安全并达到"严重"的程度的行为。② 从立法过程来看，可以明确的是严重程度不仅限于死亡、重伤，但司法实践需要更加明确的标准。首先，从法律精神来看，危害行为应当达到刑法规定犯罪行为的程度。从刑诉法任务来看，只有受刑法调整的行为才适用刑事诉讼法，如果行为还没有达到刑法规定的危害程度，自然不适用强制医疗程序。其次，并不是所有刑法规定的犯罪行为都达到强制医疗要求的严重程度，应当严格依据刑法条文的精神。对于何为"严重危害公民人身安全"，刑法总则中有类似表述。根据《刑法》第 20 条第 3 款

---

① 6 个案件中有 5 个涉案精神病人造成死亡或重伤的后果，另外一个则使用暴力手段对多人实施强奸行为。

② 参见童建明主编：《新刑事诉讼法理解与适用》，中国检察出版社 2012 年版，第 274 页。

规定，对正在进行行凶、① 杀人、抢劫、强奸、绑架以及其他严重危及人身安全的暴力犯罪，采取防卫行为，造成不法侵害人伤亡的，不属于防卫过当，不负刑事责任。我们认为在出台立法解释或司法解释前，严重的认定可以参照《刑法》第20条，即行凶、杀人、抢劫、强奸、绑架及与这些行为严重程度相当的暴力行为。

（二）危害可能性的判断

强制医疗的另一个条件是有继续危害社会的可能。是否有继续危害社会的可能是主观性很强的判断，在实践中可能会见仁见智。从理论上讲，对于未发生的情况，很难用证据得出确定性的结论。由此，司法实践中公安机关、人民检察院和人民法院往往会因对继续危害社会可能性的认识偏差而导致对案件处理产生分歧。如编号3徐某一案，2012年12月24日夜，徐某因其子乐乐（化名，婴儿）哭闹，将乐乐嘴捂住，至乐乐脸色发紫，再用家中的水果刀在乐乐喉咙处捅了4刀，致乐乐重伤。精神卫生司法鉴定中心鉴定意见认为徐某罹患精神发育迟滞（轻度）伴随精神障碍，目前处于缓解不全状态，目前无明显的人身危险倾向。② 法官依据"目前无明显的人身危险倾向"而做出驳回强制医疗申请的决定。但法律规定的条件未来是否有继续危害社会的可能，依据审判时的精神状态做出决定是否符合立法精神值得商榷。

我们认为对于未来危害可能性的判断还应依据现有证据材料作出，但应当采取盖然性的证明标准，③ 即具有较高的可能性，而非确定性。第一，盖然性相对于排除合理怀疑的证明标准更低，但符合强制医疗程序案件的特点。强制医疗程序并不是对涉案精神病人的惩罚，而是预防和保护的结合。因此，只要

① 对行凶的理解，理论和实务界都存在争议。《现代汉语词典》解释为"打人或杀人"，有学者认为应限于使用凶器、对被害人进行暴力袭击，严重危及被害人的人身安全；有学者认为"行凶"是指严重危及人身安全的、以暴力手段实施的、构成犯罪的行凶；也有学者认为因第3款已将"杀人"专门列出，从法条文字排列看，"行凶"在前"杀人"在后，无疑行凶是指故意伤害，包括故意伤害致死。也有学者不赞成"行凶专指伤人"的解释，认为行凶包括伤人和杀人，且实践中大量的行凶具有或杀或伤他人的择一故意。但无论如何，"行凶"可以进一步明确"严重危害公民人身安全"的行为标准。

② 参见南通网："疯母捅杀两月大的儿子，强制医疗申请被驳回"，载 http：//www. zgnt. net，访问时间：2014年3月10日。

③ Probability 在汉语中有"可能性"、"盖然性"、"慨然性"、"概率"、"较大的可能性"等翻译的方法。本文采我国学者龙宗智在《论我国刑事诉讼中的证明标准——兼论诉讼证明中的盖然性问题》一文中的译法，即"盖然性"。

存在较高的可能性就应当决定强制医疗，如果僵化地按照刑事案件的标准进行判断，则违背了强制医疗程序的初衷，再次上演卢祥文式的悲剧。① 第二，在世界范围内，目前的医学技术依然无法对精神病人的社会危害性进行准确判断和预测，② 司法实践中有法官要求对危害可能性鉴定，③ 这是不现实的。精神病专家或医生只能提供涉案精神病人的精神病种类、程度、治疗情况等信息，至于危害可能性还是应由司法者根据案件的证据材料综合判断。第三，强制医疗程序包含定期评估制度，确保涉案精神病人的权益。强制医疗不像刑罚发生错误就无可挽回，定期评估发现涉案精神病人好转不再具有危害可能性时，可以立即解除强制医疗。第四，对于危害可能性的判断，除了参考精神病鉴定和专家意见外，还要重视涉案精神病人相关亲友、邻居等人的证人证言及意见，对涉案精神病人的病史、平时表现、稳定性进行综合把握。

（三）强制医疗执行主体及费用承担

1. 强制医疗执行主体。刑事诉讼法未明确规定强制医疗执行主体，最高人民法院《关于适用〈中华人民共和国刑事诉讼法〉的解释》第 535 条规定："人民法院……向公安机关送达强制医疗决定书和强制医疗执行通知书，由公安机关将被决定强制医疗的人送交强制医疗。"对于由何种医疗机构执行强制医疗，实践中主要有两种方法，一是在公安机关下属的安康医院执行；④ 二是

① 四川省雷波县汶水镇狮子村 2 组的村民卢祥文于 2005 年 3 月 10 日上午 11 时，用一把菜刀把母亲砍死在自己家中的床上。警方将其控制进行精神鉴定，结论为精神分裂症。因此将其释放回家。2006 年 3 月 1 日凌晨，其用"二锤"把妻子和两个儿子全部杀死。遗憾的是由于未能对卢祥文进行及时的强制医疗，终使惨案发生。参见《法制早报》2006 年 4 月 30 日。

② 参见纵博、陈盛：《强制医疗程序中的若干证据法问题解析》，载《中国刑事法杂志》2013 年第 7 期。

③ 一些法官认为危害可能性也需要鉴定意见，否则没有依据做出裁判。笔者认为这种看法混淆了证据证明与司法裁判的关系，要求对危害可能性给出确切的鉴定意见有推责之嫌。

④ 安康医院是我国对精神病人进行强制医疗或加以监护的专门机构，此类医院隶属于公安机关。1988 年 1 月 29 日公安部印发的《全国公安机关第一次精神病管治工作会议纪要》要求各地抓紧建立公安机关管理的精神病管治医院，并将此类机构统一定名为"安康医院"。在 2001 年召开的全国第三次精神卫生工作会议上，卫生部也要求各地建立安康医院。2004 年 9 月 20 日国务院国办转发的卫生部、教育部、公安部、民政部、司法部、财政部、中国残联《关于进一步加强精神卫生工作指导意见的通知》再次要求没有安康医院的省、自治区、直辖市要尽快建立安康医院。

各地的精神病医院执行。安康医院是隶属于公安机关的事业单位，具有执行强制医疗的能力和条件，且已经具有相当的经验，作为强制医疗的执行机构较为理想，但缺点是安康医院在全国的数量还不多，在很多地区还没有设立，截止2010年我国共建有安康医院24所。① 我国幅员辽阔人口众多，各地都有强制医疗案件发生，全国仅有几十所安康医院，显然没有能力收治所有涉案精神病人。在这种情况下，只能由各地的精神病医院收治部分病人。相比安康医院，精神病医院不仅数量多，分布较广，而且治疗管理经验也很丰富，缺点是司法机关对执行监管较弱，对强制医疗相关法律法规的落实也有欠缺。我们认为，在目前安康医院尚未普及的情况下，可采取严重病人由安康医院收治，相对较轻的病人由当地精神病医院收治，待将来时机成熟统一由安康医院收治。

2. 强制医疗的费用承担。涉案精神病人长期治疗需要耗费大量的财力，刑事诉讼法和相关司法解释均没有明确强制医疗费用应由何主体承担，各地的做法也不尽相同。有的采取公安机关同级政府部门负责的模式，② 有的是由家属承担。③ 从实际情况分析，因治病支出、无劳动能力等原因，精神病人的家庭经济状况多数较差，如本文选择的6个样本，仅1人经济条件"较好"，其余5人的经济条件为"一般"、"较差"或"很差"，要求这些家庭承担治疗的高额费用是不现实的。从法理上讲，强制医疗并不以涉案精神病人及其家属的意见为转移，而是由国家强行采取医疗措施，该措施也是更多的为了社会公众的安全，根据权责相统一原则，国家应当负担这笔费用。实践中很多地方虽然确定由国家财政负担强制医疗费用，但操作过程中往往出现"扯皮"现象。④ 要解决这一问题，需要法律法规作出更加细致、具体的规定。公、检、法机关应会同财政部门出台规定，明确强制医疗的执行经费列入本级财政预算。在经费的承担方式上，还可以进一步细化：对于有公费医疗的，参加了医疗保险的，可先行在其中报销规定费用，不足部分再由国家财政支付。⑤

---

① 参见中华人民共和国公安部监所管理局：《强制隔离戒毒所、安康医院、戒毒康复场所的现状及未来》，载《人民公安报》2010年3月23日。

② 参见谢菲：《强制医疗执行程序有待细化》，载《检察日报》2013年10月13日。

③ 参见龚崇伟、潘森林：《办理强制医疗案难题不少》，载《检察日报》2013年10月23日。

④ 重庆市合川区一强制医疗对象系由合川区公安局送交该区精神卫生中心进行强制医疗，因而其所在的南津街道办事处不愿意承担医疗费用，导致医疗费用处于"拖欠"状态。参见谢菲：《强制医疗执行程序有待细化》，载《检察日报》2013年10月13日。

⑤ 参见吴卫兵、刘国华：《刑事行政强制医疗案件审判实务问题探讨》，载《人民法院报》2013年9月4日。

（四）强制医疗的法律监督

根据《刑事诉讼法》第 289 条规定，人民检察院对强制医疗的决定和执行实行监督。根据《刑诉规则》第 540 条规定，人民检察院审查公安机关移送的强制医疗意见书，向人民法院提出强制医疗的申请以及对强制医疗决定的监督，由公诉部门办理。从广义上讲，检察机关办案的过程就是监督的过程，有关对侦查机关案件事实认定的监督、对侦查程序的监督、对庭审过程的监督、对裁判结果的监督等，多数问题前文已经涉及，本部分仅就几个亟待明确的问题进行讨论。

1. 现行法律未明确规定检察机关应当派员出席庭审。法律规定人民法院审理强制医疗案件，应当通知被申请人或者被告人的法定代理人到场，但未明确规定检察机关是否应当派员出席庭审，从法理上讲，不出席就无法对庭审过程进行法律监督。最高人民法院《关于适用〈中华人民共和国刑事诉讼法〉的解释》第 530 条庭审程序规定，审判长宣布法庭调查开始后，先由检察员宣读申请书。从该条规定可以看出法院要求检察人员出席庭审，法院开庭前也会向检察机关送达"出庭通知书"。我们认为检察机关应当派员出席庭审，以便更好地发表意见并实行法律监督。

2. 强制医疗程序执行监督部门。这个问题是检察机关内部分工的问题，具体且实际。《刑诉规则》规定公诉部门监督强制医疗程序，但未明确强制医疗执行程序的监督部门。因强制医疗的执行与公诉部门的业务并无联系，公诉部门无论在监督力度和监督能力方面都有欠缺，而监所检察部门对刑罚执行监督实践经验丰富，更适合执行阶段的监督。具体可由监所检察部门采用驻地监督和巡回监督的方式，对安康医院可派驻专门的检察室；而对于精神病医院可采用定期巡回监督的方式。

3. 纠正违法通知书与检察建议的应用。对于法院强制医疗的决定，检察院没有"抗诉"权。在现行制度下，检察机关可以利用纠正违法通知书、检察建议等手段实施监督。检察机关在对强制医疗的决定和执行实行监督过程中，如发现强制医疗过程中的违法违规问题，可以提出限期纠正意见或发出"纠正违法通知书"，并责令限期回复。对不宜用纠正违法通知书的情况，可以发出"检察建议"提出建议有关单位改进。

浅谈缓刑审前调查制度的完善

王　莉　季卫华*

依法适用缓刑，不仅使罪行较轻、人身危险性不大的犯罪分子受到应有的惩罚和教育，而且能尽快使其回归家庭和社会，弃恶从善，有效地预防重新犯罪，避免因适用监禁刑带来的诸多弊端，有利于促进社会的稳定和谐。本文拟立足于我国缓刑调查制度的现状进行分析，探索其规范途径，提出构建审前调查制度的路径。

一、缓刑审前调查制度的概念、形成与发展

缓刑制度的适用对实现刑罚个别化、社会化、人道化，教育和改造罪犯，促使罪犯改过自新具有重要而深远的意义。根据我国社区矫正的相关规定，人民法院、人民检察院、公安机关、监狱对拟适用社区矫正的被告人、罪犯，需要调查其对所居住社区影响的，可以委托县级司法行政机关进行调查评估，通常将这一过程称为审前调查。而笔者认为，应该将审前调查作扩充解释，不仅仅包括调查评估，还应该包括评估结论的运用及其过程的监督，只有这样才能形成一个完整的调查、运用、监督机制。

笔者认为，缓刑审前调查制度是指在对被告人适用缓刑前，由专门机关对被告人的犯罪背景、人格特征、社会评价等情况进行专门调查，并对其人身危险性、再犯罪可能性以及是否可以适用非监禁刑罚进入社区矫正等进行系统评估，出具审前调查评估报告，审判机关将调查评估报告作为刑罚裁量参考依据，监督机关对调查评估及其适用进行监督的一项系统性制度。该制度包括三个方面的内容：一是调查评估内容。缓刑判决前，由专门机关对被告人的相关内容进行调查，出具调查评估报告。二是调查评估结论运用。通过一定的程

* 王莉，江苏省泰州市高港区人民检察院监所检察科科长；季卫华，江苏省泰州市高港区人民检察院民事行政检察科副科长，南京师范大学博士研究生。

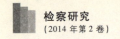
序，评断调查评估结论运用的结果，作为衡量是否适用缓刑的依据。三是审前调查监督。由专门机关对审前调查及调查结论的适用程序是否规范合法进行监督。

在我国，缓刑的审前调查经历了从无到有的历程。现代意义上的审前调查，从 2001 年最高人民法院出台《关于审理未成年人刑事案件的若干规定》开始，该规定第一次提出审前调查，规定了调查的主体、内容以及调查时间。在此基础上，2004 年司法部出台关于社区矫正工作暂行办法，① 规定司法行政机关在人民法院就管制、缓刑、暂予监外执行、假释、剥夺政治权利的判决、裁定或者决定听取司法行政机关的意见时，应积极配合。该规定同时明确由司法行政机关接受委托，提出审查意见。2011 年 2 月《刑法修正案（八）》对《刑法》第 72 条作出修改，将"对所居住社区没有重大不良影响"作为宣告缓刑的必备条件之一，从而确立了审前调查在缓刑适用中的法律地位。2012年 1 月 10 日，《社区矫正实施办法》出台，对审前调查的概念、调查的主体、内容及程序作出明确规定。在缓刑审前调查的发展历程中，很多地方进行着积极的尝试探索。2006 年 10 月 1 日江苏省人民法院、人民检察院、公安厅、司法厅联合出台了《刑事案件未成年被告人审前调查实施办法（试行）》（以下简称《实施办法》），明确规定开展刑事案件未成年被告人的审前调查。②

二、缓刑审前调查制度的必要性分析

相对于监禁刑，缓刑有着无可比拟的优越性，量刑在 3 年以下有期徒刑的都期望被施以缓刑，在社区进行矫正。完善的缓刑审前调查制度，是公正审判的基础，体现刑罚的惩罚与教育相结合，预防重新犯罪的价值追求。

（一）缓刑审前调查制度适应刑罚个别化发展需要

罪行相当原则一个重要的派生规则就是刑罚个别化，犯罪并非是行为人自由意志选择的结果，是由行为人所处的社会环境、自然环境与人类学因素交互作用的产物。由于不同的犯罪人具有不同的情况，每个人犯罪原因也有所不

---

① 参见 2004 年 5 月 9 日司法部《关于印发司法行政机关社区矫正工作暂行办法》（司发通〔2006〕88 号）。

② 参见江苏省高级人民法院、江苏省人民检察院、江苏省司法厅、江苏省公安厅联合出台的《刑事案件未成年被告人审前调查实施办法（试行）》（苏司通〔2006〕114号）。

同，因此，为了使社会免受非法侵害，同时也为消除、改正这些人的犯罪倾向，不应以犯罪行为的外部表现和客观危害来确定刑罚，而应以犯罪人的反社会倾向，即人身危险性大小来适用刑罚。犯罪实证学派代表人物恩里科·菲利指出："合法判决的目的不是确定犯人的不可确定的道义责任，也不是将刑法典中的条文非个别化地适用于该犯罪，而是将最适合于犯罪人的法律按照犯罪人所表现出来的或多或少的生理和心理的反社会性加以适用。"① 刑罚个别化原则的要义在于，刑罚轻重不仅取决于所犯罪行大小，而且充分考虑犯罪人的人身危险性，而通过审判前调查所获得的犯罪人的人格特征正是其人身危险性的表症。② 导致一个人实施犯罪的原因不尽相同，忽视个体的差异性将影响刑法个案的公正，缓刑审前调查实质上是刑罚个别化原则在缓刑适用上的具体体现。

（二）缓刑审前调查制度是体现缓刑价值的需要

缓刑是对判处一定刑罚的犯罪分子，在具备法定条件的情况下，在一定期间内附条件地不执行原判刑罚的制度。从刑法设立缓刑的立法本意而言，缓刑的价值在于：避免短期自由刑的弊端；促进罪犯改恶从善与再社会化；减少国家经济支出。尽管缓刑被广泛适用于司法实践，但是，缓刑制度在实施过程中并未完全实现其价值，主要表现在：一是适用缓刑标准不明确。根据《刑法》第 72 条规定，只有犯罪分子确实不再危害社会，才可以宣告缓刑。事实上这种危险性是难以确定和预见的，对被告人人身危险性、矫正条件以及缓刑适用效果等参考依据的内容和范围，法律没有明确规定，对被告人再犯可能性评价的科学体系和方法，凭借主观判断。二是缓刑审判程序缺乏公开、透明。审判实践中，缓刑适用突出表现：是否适用缓刑的相关证据很少在庭审中质证和认证；在由法官主持下的庭审，缓刑适用问题很少纳入法庭辩论的内容，缓刑适用体现在裁判文书，仅是法律规定性文字，对于适用缓刑有异议的，理由阐释不够充分，裁判缺乏说服力，这些都说明缓刑的审判程序缺乏公开透明。三是规范缓刑适用缺乏有效机制。《人民检察院刑事诉讼规则（试行）》第 584 条规定，人民检察院认为同级人民法院第一审判决适用缓刑错误的，应当提出抗诉。法律上，对法院的缓刑判决，人民检察院可以进行监督，而由于法律规定过于原则、简单以及庭审不公开质证、辩论增加了检察机关发挥法律监督职能

---

① 张千帆：《西方宪政体系》（下册），中国政法大学出版社 2005 年版，第 82 ~ 85 页。

② 参见陈兴良：《人格调查制度的法理考察》，载《法制日报》2003 年 6 月 3 日。

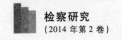

的难度，目前规范缓刑的适用指导性意见，只是对不能适用缓刑的情形予以明确，实践中，极少有对法院缓刑判决抗诉成功的，对缓刑的监督制约作用有限。

（三）缓刑审前调查制度顺应现代分权制衡理论

现代社会对公权力的运行都需要设立相互监督的制约机制，以防止出现绝对不受制约拒绝监督的绝对权力。缓刑的适用是一项司法权，这项司法权的行使需要分权，需要监督。从人性的角度分析，监督是对被监督对象失去信任的结果，人性中总有一面是要抵制和逃避监督的，这正是监督的内容。① 权力的监督模式是权力设置的基础，对于横向的监督模式来说，将整体权力划分为不同的权能，在若干个平行并列的主体之间进行分配，各自行使一部分权能，相互监督和制约。这种监督模式的特点是：监督是双向的、互相的监督，监督者与被监督者之间存在一种相互制衡的监督关系，权力监督关系的各个主体之间的地位是平行并列的；监督者与被监督者的职权有明确的划分，监督者不能代行、更不能取消被监督者的职权；不需要更多高层级的监督者来行使层层递进的监督权。人民法院独立行使审判权，在尊重法院独立审判的前提下，如何对缓刑的司法权进行制衡，就需要制定完善的缓刑审前调查制度，规范审前调查的调查机关、调查结论的采信程序、审前调查的监督程序，明确审前调查的执行机关、审判机关、监督机关之间的职能分工，以此体现司法的公正。

（四）缓刑审前调查制度顺应社区矫正需要

审前调查制度是社区矫正工作的一项重要内容，通过调查社区人员，了解行为人的主要社会关系情况，评判行为人对所居住社会环境的影响大小，判断行为人是否适合社区矫正。审前调查制度体现了刑罚个性化，有利于实现刑罚效益的最大化。开展审前审查的意义在于：第一，开展审前调查尊重了社区民意。判处缓刑的罪犯在社区进行矫正，行为人被判处缓刑，直接承担其不利后果的是与其生活在同一社区的其他公民。若是没有公众舆论的支持，法律是丝毫没有力量的。审前调查作为缓刑的参考依据，听取了被告人所生活的社区或者与其关系比较紧密的相关人员的意见，体现了公众支持与意见。被告人在社区服刑，将对社会产生不可预知的社会危险性，通过审前调查，可以广泛听取意见，以便于日后的矫正工作中获得更大的支持。第二，审前调查制度为社区矫正奠定基础。在审前调查活动中，作为矫正机构的司法所能够全面掌握拟接

---

① 参见戚渊：《司法如何公正》，载《法学》1999 年第 12 期。

受社区矫正被告人的基本情况、犯罪原因、个性特征、家庭状况等，为日后制定个性化的矫正方案奠定基础。同时通过与被告人及其亲属交流，宣传社区矫正的相关政策与要求，让他们了解社区矫正有关要求，对社区矫正的监管政策产生敬畏与认识，增强悔罪意识，主动愿意接受社区矫正。第三，审前调查制度有效避免了社区矫正执行中的弊端。对可以判处缓刑的被告人，由司法行政机构对其是否具有社会危险性进行调查，形成调查报告提供给人民法院作为裁判的参考依据。在这一过程中，能极好地避免因人民法院单方面作出缓刑裁判，作为缓刑的执行机关司法行政机构不予接受的尴尬。同时司法行政机构预先与人民法院、被告人进行衔接、沟通，也能最大限度地减少因衔接不到位、管理没跟上而产生的社区矫正人员脱管漏管现象，加强了对社区矫正人员的管控，有利于社会安全稳定。

三、我国缓刑审前调查的现状和不足

《实施办法》规定了司法行政机关、人民法院、人民检察院之间承担的责任与义务，其中司法行政机关负责指导管理、组织实施社区矫正工作，人民法院对符合社区矫正适用条件的被告人依法作出裁判，人民检察院对社区矫正各执法环节依法实行法律监督。司法实践中，调查委托的时间、调查报告的运用、调查评估人员的组成、审前调查的法律监督等方面没有具体规定或是规定不具有强制性，审前调查的操作性不强，导致审前调查存在诸多问题。

1. 审前调查时间有限，影响调查全面性。按照省法院、检察院、公安厅、司法厅联合下发的《江苏省社区矫正工作流程》有关规定，司法行政机关应该在收到委托调查函后 10 个工作日内提交委托机关。而在实际工作中，相当一部分实际委托调查期限都不足 3 天，司法局社区矫正办公室收到委托机关的调查函后，转至相应的司法所开展调查工作，一收一转延长了途中时间，而且一般基层司法所不仅承担社区矫正工作，还承担着其他繁杂的基层事务，他们接收审前调查委托后，不仅需要对自身工作进行重新规划，还要结合村居干部的时间计划安排调查工作，最终导致审前调查的时间不够，调查缺乏全面性，影响了调查结果的准确性。

2. 审前调查内容方式不明确，调查人员专业化程度不够。《实施办法》没有规定审前调查的具体内容与方式，只是笼统规定由基层司法所负责审前调查。然而，基层司法所开展工作有两大难题：一是人员配备问题。目前，大多数基层司法所工作人员身兼数职，司法专业力量十分薄弱，社会调查工作的开展亦显得十分勉强，面对社会调查工作，有的敷衍了事，影响调查报告的质量。二是调查人员素质问题。由于受到人员、熟悉程度等限制，司法所接受委托后，往往将调查工作委托给村（居）委员会工作人员进行，由村居干部配合司法所开展调查工作，专业化程度差，谈话笔录内容空洞、流于形式，谈话对象范围狭窄，无法真实反映整体的社区意见，这些情况都令社会调查工作难以达到应有的效果。

3. 审前调查的运用弱化，导致调查流于形式。《实施办法》和相关的规定并未具体规定审前调查结论的运用，司法实践中，对审前调查结论的运用各地不一。极少数地方将审前调查结论当作判定缓刑的量刑情节，在法庭调查举证阶段一并出示，如《重庆市未成年人刑事案件社会调查暂行办法》规定，人民法院审理未成年人刑事案件，应当在开庭 3 日前将开庭时间、地点通知社会调查员，社会调查员收到出庭通知后，应当在法庭举证质证阶段出庭，宣读社会调查报告。大部分地方在判决缓刑前将审前调查结论作为参考，对于司法行政机关建议非监禁刑的，审判机关往往没有异议，而对于建议监禁刑的，审判机关通常会采取两种常见应对方式：一是不断协调，直至与委托机关意图一致为止，此种做法有悖审前调查的严肃性；二是委托机关直接由村委会重新出具一份同意在社区服刑的情况说明，直接导致审前调查的效力低下。有的地方还出现审前调查评估还未完成，法院就已作出判决。如此做法，不仅损害了审前调查工作的权威性和严肃性，浪费了司法资源，也严重挫伤了司法行政机关的工作积极性。

4. 法律监督程序不明，检察监督有名无实。根据《人民检察院刑事诉讼规则（试行）》第 633 条规定，人民检察院依法对执行刑事判决、裁定的活动实行监督，由人民检察院监所检察部门负责。根据《社区矫正实施办法》第 2 条第 3 款规定，人民检察院对社区矫正各执法环节依法实行法律监督。检察机关应该对缓刑审前调查进行同步监督，监督、审查审前调查报告的内容是否客观、公正，调查过程中是否存在违法违纪行为，调查报告的适用是否恰当，确保缓刑审前调查规范、合理、合法。然而，由于调查主体不明确，调查程序与调查结论的运用没有统一规定，监所部门作为监督的职能部门，不能真正把守好审前调查的入门关、调查关、适用关、执行关，无法真正实现同步监督。

四、缓刑审前调查制度的完善

域外的人格调查制度虽然为我们提供了有益借鉴与帮助，但中国的法治之路必须注重利用中国本土的资源，注重中国法律文化的传统和实际。在基本法律制度的框架下，需要探索建立科学、高效且与本国司法实际相适应的审前调查机制。下面笔者就我国缓刑审前调查制度的完善谈谈设想。

1. 加强各部门之间的合理分工协作。缓刑审前调查工作涉及多个环节牵涉多个部门，需要加强各部门之间的分工协作，使之密切配合、各司其职，形成良性合作格局，共同维护司法公正。委托部门需要加强对审前调查入口的把关，对可能判处缓刑必须进行审前调查的发出委托函，避免审前调查函的滥发，增添调查机关的工作量。调查部门应该及时高效进行调查，客观公正作出调查结论作为审判机关参考。审判机关应该对审前调查结论适用与否进行明示，对调查部门的结论不采信的，应该予以释明。检察机关应该充分发挥法律监督职能，保障审前调查制度的执行，减少和避免违法事件发生。

2. 建立专业化调查评估队伍。审前调查工作是一项专业性比较高的工作，需要调查评估者具备过硬的法学、社会学、心理学等专业知识，以及丰富的司法实践经验和深刻的社会体验，拥有很好的组织协调能力，工作作风扎实细致，具有崇高的敬业精神和职业操守。调查评估工作与社区矫正工作一样，作为一项严肃的执法工作，必须建立一支专业化的队伍，设定专业的工作机构和工作流程。建议借鉴国外经验，从社会中吸纳专业性人才，在司法行政机关的组织管理下，成立固定的专门性机构，开展缓刑判决前的调查工作，作出评估意见，同时由专门性机构开展社区矫正工作。

3. 明确责任规范审前调查的严肃性。由于审前调查的调查、评估、适用关系到被告人是否受到严格的人身限制，因此，必须严格工作责任。对于符合缓刑法律条件的，委托机关应当及时发出委托函，给调查机关预留充足的调查时间。首先，要明确调查评估主体的责任，本着谁评估、谁负责的原则，对调查人故意作出虚假反映，视情节予以警告或行政处分。对作出的调查评估意见，必须写明具体的承办人，对不适合社区矫正的意见必须详细阐明理由，以此强化各实施主体责任意识，恪守职业操守，本着为当事人及其家庭负责的态度，以高度责任感和使命感来对待调查评估工作，对弄虚作假或者徇私舞弊将严格责任追究。其次，要明确首次调查评估意见的优先地位，非因新情况，不得予以推翻，避免审前调查过程中的人情案。

4. 增设缓刑审前调查听证程序。缓刑审前调查听证程序可以增强审查透明度，在听证基础上作出的结论更加公正、客观。通过听证使被告人所在社区居民知道对被告人适用缓刑与否的原因，极大程度地尊重了公民知情权，同时避免了调查机关与审判机关意见不统一时带来的部门之间的矛盾隔阂。针对调查评估机关与审判机关对是否适合社区矫正存在意见分歧的，未成年人犯罪的，被害人对适合社区矫正有异议的，被告人对不适合社区矫正有异议的等情形，可以进行听证。对于被害人、被告人，被告人所在社区其他居民对审前调查结论有异议的，经人民法院同意，启动听证程序。由司法行政机关、检察机关、审判机关共同参加，通过听证程序，对审前调查结论进行公开的质证、辩论，以此限制法官自由裁量权，听证结果的运用与否，也可以作为检察机关将来是否提出抗诉的依据。

5. 增强缓刑审前调查检察监督力度。检察机关作为法律监督机关，应当加强对缓刑适用的监督，对审前调查进行同步监督。英国作家培根曾说："留给法官的思考余地最小的法律是最好的法律，留给自己的独立判断余地最小的法官是最好的法官。"缓刑在其适用过程中，法官拥有一定的自由裁量权，有的法官在审前调查尚未作出之前，便直接宣判缓刑，从严格意义上讲，适用缓刑的条件是不完备的。有的法官在没有任何新的证据条件下，直接推翻审前调查认为不适合社区矫正的意见，判决适用缓刑，适用缓刑的条件也是不完备的。检察机关是法律监督机关，应该加强对缓刑适用的检察监督，建议对缓刑适用条件不完备而判决缓刑的，可以检察建议或抗诉形式进行监督。实践中，由于委托机关除了检察机关，还有以外的其他机关委托开展审前调查，检察机关无从知道相关情况，也就无从开展检察监督。对此，建议建立审前调查备案审查制，专门机关作出的审前调查，需要送交检察机关备案，检察机关可以进行文书的书面审查，发现存在问题的，可以进行调查，核实相关情节，发现存在职务犯罪的，应依法立案侦查。

修改后民事诉讼法专题研究

浅议民事检察和解制度的构建

孟庆松　朱亚萍　苏学峰*

当前，我国正处于经济社会全面转型时期，社会分化和利益调整导致的民商事纠纷激增，申诉、上访案件数量居高不下。在这种情形下，检察机关应立足职能要求，积极探索实践化解社会矛盾纠纷的新模式。民事检察和解作为一种新的纠纷解决方式，在民事检察工作中运用越来越普遍，得到了当事人的广泛认可，但由于缺少相应的法律规定，实践中还存在着诸多争议。本文拟就相关问题谈些看法，以期对实务工作有所裨益。

一、民事检察和解的概念

（一）民事检察和解与检察环节民事和解

民事检察和解包含于检察环节的民事和解之中。从司法实践来看，检察环节的民事和解主要有三种情形。

1. 在民事申诉审查阶段，当事人对法院的生效民事裁判不服而申诉至检察机关，检察机关主动或基于当事人的申请，促成双方达成和解协议的情形。由于法律上的不统一，其称谓也多种多样，如"检察和解"、"申诉和解"、"息诉和解"、"检察调解"等。其中，民事检察和解的说法较为普遍。① 究其原因，一是突出了检察机关的特定主体地位，从而与人大、法院、政府信访部门等主持下的"申诉和解"相区别；二是体现了民事检察监督的法律特性，

---

　　* 孟庆松，江苏省盐城市人民检察院公诉处副处长；朱亚萍、苏学峰，江苏省大丰市人民检察院检察员。

　　① 参见黄旭东、胡晓霞：《论民事检察和解的理性与完善》，载《探求》2012 年第 6 期；王春：《民事检察和解的正当性及制度构建研究》，载《理论月刊》2011 年第 7 期。

区别于一般意义上的"息诉和解"；三是有别于法院的"调解"，检察机关促成当事人达成的和解协议并不具备强制效力，这点不同于法院在调解成功后形成的具有强制执行力的调解书，所以也不宜称之为"检察调解"。

2. 在民事执行阶段，检察机关启动执行监督程序之后，当事人自愿达成和解协议的情形。根据《民事诉讼法》第 235 条的规定，人民检察院依法对民事执行活动实行法律监督。检察机关在审查处理执行案件过程中，当事人达成和解协议的，可以要求检察机关终止审查。这种情形下，由于审查活动属于检察监督权的行使，且已启动执行监督程序，因此该种情形下的和解仍属检察环节民事和解。

3. 在刑事公诉案件中，犯罪嫌疑人就被害人因其犯罪行为所遭受的物质损失和精神损失自愿赔偿，达成民事和解协议的情形。这种就刑事附带民事部分达成的和解协议，往往是促成刑事和解或使犯罪嫌疑人获得从轻处理的前提和基础。

（二）民事检察和解的内涵界定

由于上述三种情形存在，加上有关观点上的不同，对于民事检察和解的内涵，学者们给出了不同的界定：一是认为民事检察和解是指当事人一方不满法院生效的裁判等法律文书，向检察院提出抗诉申请，检察院在依法向法院提出抗诉前，主持双方当事人达成和解协议，从而暂时中止抗诉审查程序或暂缓提出抗诉的一种程序和过程。① 二是认为民事检察和解是指检察机关在处理民事申诉案件中，通过调解促成双方当事人达成和解协议，解决双方的纷争，结束执行程序，办结申诉案件的行为。② 三是认为民事检察和解的研究应包括上述全部三种情况，即检察环节上的所有民事和解。③

上述三种观点都存在一定不足之处。第一种观点将民事检察和解的功能局限于中止抗诉审查或暂缓抗诉有些偏颇，实践中并不是所有的案件都能引起抗诉。如果原审裁判没有明显错误，检察机关作出的处理决定是不立案或不抗诉；同时中止抗诉审查程序或暂缓抗诉只是程序上的暂停，如果当事人双方一旦达成和解协议，一般将导致整个案件的审查终止。第二种观点认为双方当事

---

① 参见汤维建：《司法性质的特殊救济手段》，载《检察日报》2007 年 8 月 23 日。

② 参见孙建昌：《促成执行和解在民事检察中的运用》，载《人民检察》2000 年第 6 期。

③ 参见连宏星、陈慧芳：《检察环节民事和解的现状与期待》，载《法学杂志》2012 年第 12 期。

人通过协商达成协议，结束执行程序，即将检察和解的对象限于正在申请法院强制执行的案件，范围过于狭窄，与司法实践也不相符。实践中，民事检察和解可能发生在执行过程中，也可能发生在执行程序开始前或者执行程序终结后。第三种观点，对于其中的民事执行和解，尽管属于检察监督的范围，但《民事诉讼法》第230条已有明确的处理规定，①人民检察院只需告知当事人依该规定向人民法院申请办理执行和解即可，在这一程序上没有必要过多介入；对于刑事公诉案件中的民事和解，因其往往是促成刑事和解的必要条件，实践中一般都将其作为刑事和解的重要内容和组成部分，并由侦查监督部门或公诉部门主持。

笔者认为，民事检察和解是指人民检察院在办理民事申诉案件过程中，对人民法院已经生效的民事判决、裁定认为确有瑕疵，但不符合抗诉条件或者符合抗诉条件但无抗诉必要或者不宜抗诉的，促使双方自愿协商，达成和解协议，从而结束申诉程序的一种办案形式。它通过在检察机关组织下达成的和解协议形式对当事人之间的权利义务关系进行调整，这无疑起到法律监督的作用，是一种法律监督性质的和解，"只不过是一种自治的、间接的、有弹性的法律监督形式"。②

（三）民事检察和解的适用条件和范围

从民事检察监督职责和民事检察和解目的来看，民事检察和解案件应当符合以下条件和范围：

1. 人民法院的判决、裁定已经发生法律效力，但当事人不服已生效的判决、裁定，认为裁判存在实体或程序上的错误，向人民检察院提出申诉，具备和解可能的案件。对于法院没有作出生效裁判的民事纠纷，民事检察部门不宜提前介入进行调解或促成和解。

2. 生效的判决、裁定在实体或程序上虽然有瑕疵，但不符合抗诉条件的或者判决符合抗诉条件但是无抗诉必要或者不宜抗诉的案件，属于可以和解的范围。这类案件标的较小、争议不大，从诉讼经济的角度出发，对这类案件一般不会抗诉。但不抗诉并不表示瑕疵或错误不存在，当事人因为不服裁判，往往会反复申诉或者上访。所以，检察机关应该提供平台，开展释法说理，促成当事人达成和解协议，在履行检察监督职能的同时，又化解了当事人之间的

---

① 根据《民事诉讼法》第230条的规定，在执行中，双方当事人自行和解达成协议的，执行员应当将协议内容记入笔录，由双方当事人签名或者盖章。

② 郭锐：《民事检察和解的性质及其救济》，载《人民检察》2012年第20期。

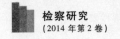
矛盾。

对于裁判正确的案件，检察机关应尽可能做好服判息诉工作。这类案件，检察机关从办案规则出发，只需做出不予支持监督申请的决定即可，但从化解社会矛盾的和谐司法理念出发，这么做是远远不够的。如果检察机关消极办案，简单的释法工作很难从根本上解决当事人之间的纷争。检察机关应该及时引导双方互谅互让，寻求双方利益上的平衡，才是化解矛盾的最佳方法。

二、民事检察和解的程序

为充分保障申诉人与被申诉人在和解中的程序及实体利益，规范民事检察和解行为，笔者结合实践，对民事申诉案件检察和解程序提出以下设想：

（一）审查与核实案件事实

民事检察和解首先必须在查明案件事实的基础上进行，这是由检察机关法律监督职责决定的。申诉人提出抗诉申请时，人民检察院应当认真审查申诉材料、答辩材料、证明申诉主张的证据材料、原审卷宗、生效判决、裁定，必要时调查收集相关的证据，初步判断法院裁判是否正确、适当，考量有无进行和解的基础和可能性。

（二）会见当事人与听取意见

会见当事人并听取意见是人民检察院查清案件事实、探求双方有无和解可能性的前提。办案检察官可以依职权决定采取分别会见或共同会见的形式，听取申诉人的申诉理由、被申诉人的答辩意见及双方对原审认定事实、适用法律、申诉证据等方面的看法，根据书面审查确认的案件事实，向当事人释法说理，缓解和消除双方的对立情绪，进一步探求申诉案件是否存在和解的可能。

（三）启动与告知

1. 启动程序。关于和解启动的时间段，有观点认为，"民事检察和解自受理案件开始，至案件审结过程中的任何阶段均可进行"。[①] 和解可在检察机关受理案件后到提起抗诉之前启动，这一点无可置疑。那么，在抗诉之后作出再审判决之前是否还能提出和解申请？笔者认为，检察院抗诉之后当事人一般不能申请和解，因为此时案件已进入审判程序，当事人可以进行法院调解，也可

---

① 郭锐：《民事检察和解的性质及其救济》，载《人民检察》2012 年第 20 期。

等法院作出裁定后，再签订执行和解协议。但是，人民检察院提出抗诉后，法院作出再审裁定之前，当事人能达成和解并能及时履行完毕的，人民检察院应同意申请，撤回抗诉。这是从有利于化解矛盾和节约诉讼资源方面考虑的。

民事检察和解的启动方式可以分两种：

（1）依职权启动。包括两种情形：一是经审查认为不符合抗诉条件的，检察机关可以主动启动。因为在检察机关不能提出抗诉或再审检察建议的情况下，民事检察和解就成为化解矛盾的主要手段；二是对于符合抗诉条件且属于和解受案范围的案件，也可以由检察机关主动启动，包括"标的小、影响不大，无抗诉必要的案件（如双方当事人具有亲属关系、相邻关系等）或者抗诉会造成新的矛盾、社会效果不理想的情况（如涉及群体利益，或者人数众多的共同诉讼、集团诉讼案件以及涉及当地党委、政府工作大局和当地党委、政府等部门密切关注的案件）"。①

（2）依申请启动。对于符合抗诉条件且又属于和解范围的案件，应由检察机关告知当事人有选择申请检察和解的权利，由申诉人自己选择。申诉是当事人的一种权利，申请和解也是当事人的一种权利，把这种选择权赋予当事人，体现了对当事人意思自治的尊重，同时避免检察机关过度主张和解，弱化民事检察抗诉职能。当事人双方可以口头或书面提出和解申请，实践中多以口头为主，往往也不需要履行任何手续，即可开始进行和解。笔者认为，从程序规范上讲，口头申请的要记录在案并由双方签字，书面申请须填写《申请表》。无论哪种形式，案件承办人都应当填写《审批表》，经部门负责人审核，报分管检察长审批同意。

2. 告知程序。告知目的是为消除当事人不必要的担心和消极情绪，便于和解协议的达成。检察机关可在会见和听取双方当事人的意见时告知，也可在启动和解时告知，这由办案人员根据需要自行掌握，但至迟应在签订和解协议时告知，更不能不告知。可口头告知，也可制作书面告知。告知内容应包括：一是告知权利，即告知当事人有对和解与否进行选择的权利；如达不成和解协议、和解后反悔或未实际履行，有继续向检察机关申诉或申请恢复执行的权利。二是告知义务及后果，即告知当事人达成和解的后果将重新确定当事人的权利义务，如不按期履行和解协议，将产生期间利益损失，也可能导致重新申请恢复执行。同时还应当告知法院，和解协议的履行将使生效裁判所确定的内容发生变更。

---

① 郭锐：《民事检察和解的性质及其救济》，载《人民检察》2012 年第 20 期。

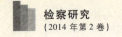
（四）促成与审查和解方案

办案检察官在和解程序中的主要职能就是主持、引导、促成和解协议。促成方式主要有三种：一是从"背对背"到"面对面"的方式。当双方对立情绪比较明显时，办案检察官可以先采取"背对背"方式向双方转达对方意见，协调双方认识上的偏差与不足，引导双方形成初步共识，然后再居中主持，使双方"面对面"就和解协议的各项内容进行充分协商。二是直接"面对面"的方式。如果双方对立情绪不大，办案检察官可直接组织、主持双方"面对面"地组织协商。当然，也可由双方自行协商，达成初步方案。三是采取听证方式。这一般应用于一些疑难复杂的申诉案件。经双方同意，组织双方当事人到场陈述申诉和答辩，对原审认定的事实及法律适用发表意见，对仍有争议的案件事实进行举证质证。必要时可邀请相关单位的代表、亲朋好友、代理律师等参与听证和解过程。

无论采取哪种方式，办案检察官都可以运用自己的专业知识提出供双方协商讨论的参考方案。双方经充分协商形成和解方案后，办案检察官应审查和解方案的内容是否合法。只要和解协议的内容不违反法律、行政法规的强制性规定，没有损害国家、集体和他人的合法权益，办案检察官就应当确认其合法有效。

（五）签订和解协议

和解方案达成后，办案检察官根据和解方案，制作《民事检察和解协议》，询问双方是否清楚各自在协议中的权利和义务，在确认无误的情况下，双方当事人在和解协议上签章。对于和解协议上是否应由办案检察官署名或加盖院章，学界存在着不同的意见。笔者认为，和解协议本质上属于契约，检察官属于中立者，应同执行和解一样，办案人员不签名，也不盖院章，双方是否履行协议纯粹出于自愿。此外，和解协议的达成只是意味着本案的实体问题得到了公正、合理的解决，并不表明检察机关已完全履行了法律监督职责。检察机关应根据审查申诉案件时所发现的法院审判活动中存在的问题类型，向人民法院发出检察建议、纠正违法通知或检察意见，并附当事人和解协议的副本，从而达到对民事审判活动实施法律监督的目的。

三、民事检察和解协议的性质、效力及其履行

关于民事检察和解协议，理论上的争议主要集中在和解协议的性质、效力

及其履行三个方面。

（一）民事检察和解协议的性质

关于和解协议的性质，主要有私法行为说、诉讼行为说和两行为并存说三种观点。① 笔者认为，在我国现有的法律框架内，采用私法行为说比较妥当。从本质上讲，民事检察和解协议同执行和解协议一样，都是一种"附条件"的契约，是当事人本着双方自愿的原则签订的一种对自身民事实体权利进行处分的民事契约，"以协议内容的完全适当履行作为放弃实现原生效法律文书中权利的条件"。② 尽管其签订处于检察环节，但检察机关不具有裁判的权力，只是为了提升和解过程的公允性，才作为第三方出现，起程序上的中立、协调和主持作用，不具有对当事人实体权利处分进行任何形式的干预的权力。因此，检察机关的参与并没有改变其作为民事契约的这一根本属性。

（二）民事检察和解协议的效力

效力问题的核心在于民事检察和解协议和法院生效裁判并存且都有效的情况下，和解协议是否影响原审法院的生效裁判。具体来说，民事检察和解协议的效力如下：

1. 具有一般民事契约所普遍具有的请求力、保持力、执行力和处分力等效力属性。根据契约的相对性原理，民事契约应具有的请求力、保持力、执行力和处分力等效力属性，民事检察和解协议作为一种民事契约当然也具有这些属性。这里重点讨论执行力的问题。执行力并非指权力人可以直接对义务人的财产和人身进行强制执行，而是必须通过向公权力申请才能获得执行力。执行力的标的由协议的标的所决定，并不仅限于物权之债，③ 也包括行为、知识产权等，适用民事诉讼法关于 2 年申请执行期限的规定，并且可以中止、中断。

2. 不具有否认原生效裁判的效力。"检察和解的权力性质是法律监督权的衍生性权力，不具有裁判的权能。"④ 双方当事人根据私权处分原则达成和解协议时，人民检察院是以监督者的身份存在的，而不是以终局审判者的身份存

————————

① 参见江伟主编：《民事诉讼法》（第四版），中国人民大学出版社 2008 年版，第412 页。

② 王利明：《和解协议形成独立的合同关系》，载《人民法院报》2002 年 1 月 4 日。

③ 参见北京市门头沟区人民检察院课题组：《民事申诉案件检察和解相关理论难题的解析及规则构建设想》，载《法学杂志》2010 年第 2 期。

④ 刘辉：《民事检察和解的正当性基础及制度构建》，载《国家检察官学院学报》2009 年第 4 期。

在，并未侵犯法官裁判权的终局性，并未否定"司法独占"原则。另外，由于法院裁判的既判力包括主观范围、客观范围和时间范围三部分内容，分别指既判力及于什么人，裁判中哪些判断事项产生既判力和既判力于事实审的口头辩论终结时点产生的效果，即"以事实审言词辩论终结时为基准，当事人之间的权利义务关系被确定，不得复为争执"。① 因此，从既判力的主观范围看，既判力原则上只及于案件当事人，当事人以外的第三者不受当事人间诉讼结果的既判力拘束。因此，检察和解协议将案外第三人或其他法律关系合并处理，不会损害原判决的既判力。从既判力的客观范围看，如果检察和解协议的内容并没有否认判决所确认的权利义务内容，而只是与判决理由有矛盾，当然不会损害原判决的既判力；如果检察和解协议是针对驳回起诉裁定作出的，由于驳回起诉裁定仅是对本案程序要件进行审理后的裁定，对本案的实体内容并没有进行处理，故该裁定在本案实体问题上不具有既判力，因此，检察机关就本案实体问题主持当事人进行和解，并不损害驳回起诉裁定的既判力。从既判力的时间范围看，"在既判力基准时之后，若有实体权利义务关系发生变动，当事人自然可以根据新事由提起诉讼"。② 也就是说，如果检察和解协议是针对确认判决、形成判决和给付判决作出的，即和解协议系当事人针对辩论终结以后的权利义务进行处分，属于新事由，并非既判力效力所及，也不影响法院原裁判的既判力。由此可见，和解协议与法院裁判的既判力并不矛盾，和解协议对生效法律文书的确定性效力不产生直接的影响，不能抵制、阻碍生效法律文书的强制执行力，不能取代原来的生效法律文书。和解的双方当事人不能达成忽略原判决既判力的合意，法院也不受这种合意的拘束。

3. 不具有强制执行的效力。在效力上，民事检察和解不同于法院调解。法院调解书在性质上是法院行使审判权的一种方式，是强制执行的法律依据。但是，作为民事契约，检察和解协议的一方当事人可以向另一方当事人请求履行，如果一方不履行协议中的义务时，对方当事人不能直接请求法院依协议强制执行，法院也不能依协议予以强制执行。当事人可申请法院对原生效判决进行强制执行。

4. 具有中止申诉抗诉程序的效力。在民事检察申诉过程中，双方当事人达成和解协议的，人民检察院应中止申诉程序。和解工作所涉及的当事人协商时间、履行和解协议时间，均不计入民事申诉案件办案期限。如果一方不履行和解协议时，另一方可向检察机关申请恢复审查程序，由检察机关决定是否提

---

① 翁晓斌：《我国民事判决既判力的范围研究》，载《现代法学》2004 年第 6 期。
② 翁晓斌：《我国民事判决既判力的范围研究》，载《现代法学》2004 年第 6 期。

出抗诉。

5. 具有中断执行、暂缓执行或终结执行判决的效力。由于民事检察和解是在裁判已经生效后，由检察机关主持之下的和解，所以，在效力问题的处理上，要注意与法院执行部门的协调。第一，对于没有进入执行程序的，也就是生效裁判的执行权利人没有向法院申请执行，当事人就向检察机关申诉的，检察机关应在当事人之间达成和解协议后，通知相关法院，以确保产生执行时效中断的效力，保护生效裁判执行权利人的利益。第二，已进行执行程序的，又可分为几种情形：一是对于法院已采取查封、扣押、冻结等执行措施的，不宜建议执行法院解除或暂缓执行，以防止债务人一方转移、隐匿财产，但对于处分执行标的，可视情况建议暂缓执行。① 二是对于法院已部分或全部执行完毕的裁判，不宜再就执行完毕的内容主持检察和解。三是和解协议履行完毕的，建议法院终结执行程序。

6. 和解协议的履行具有抵销原判决、终止申诉审查或撤回抗诉的效力。民事检察和解也不同于当事人之间的普通民事和解，属于司法内和解，是检察机关行使民事检察监督权的一种客观表现。因此，笔者认为，为了保障民事检察和解的制度意义和纠纷的彻底解决，应考虑赋予其高于一般民事和解的效力，可以比照民事执行和解所产生的效力，即双方当事人自愿达成和解协议，变更生效法律文书所确定的履行义务主体、标的物及数额、履行期限和履行方式等内容的，检察机关在确认了该和解协议的自愿性、合法性后，当事人自觉履行了和解协议的，生效裁判即不再执行；如果不履行的，原生效裁判继续有效。

和解协议履行完毕的，检察机关应终止对申诉案件的审查。当事人就同一事由再次申诉的，检察机关将不再进行审查。这在很多地方人民检察院的工作办法中都有规定。② 人民检察院提出抗诉后，法院作出再审裁定前，当事人达成和解并已履行完毕的，人民检察院审查认为不损害国家利益、社会公共利益或者案外人利益的，应当撤回抗诉。

---

① 参见黄旭东、胡晓霞：《论民事检察和解的理性与完善》，载《西南大学学报》（社会科学版）2010 年第 11 期。

② 参见《江苏省检察机关民事行政申诉案件和解工作办法（试行）》第 12 条："和解协议已经履行完毕的，人民检察院应当决定终止审查，并将和解协议及其他相关材料入卷备查。"第 13 条："人民检察院依据本办法第十二条作出终止审查决定后，申诉人再次申诉的，人民检察院不予受理。"

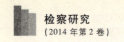

（三）民事检察和解协议的履行及救济

1. 履行。主要包括以下六种履行形式：

（1）促成即时履行。民事检察和解协议能够即时履行的，检察机关应及时促成双方当事人即时履行和解协议。这是目前的司法体制下检察机关能够采取的最有效方式。

（2）跟踪督促履行。无法即时履行的，检察机关可以采取持续跟踪、说理、教育的形式，督促和解协议的全面履行，但不能使用强制手段迫使当事人履行。①

（3）邀请法院执行人员参加，按执行和解协议处理。如果协议的约定涉及到人民法院执行的内容，检察机关可以通知法院执行庭人员参与和解，执行庭人员将协议内容记入笔录，由双方当事人签名或者盖章，或直接将和解协议交法院执行庭备案，此时，检察和解协议未获履行的，按执行和解协议处理，当事人可申请法院恢复对原判决的执行。② 这种做法，实际上进一步厘清了检察机关与审判机关在检察和解和执行和解中地位、身份的不同，有利于理论上为检察和解定名分，也有利于实践中的操作。

（4）邀请法院调解法官形成调解书。由于调解可以贯穿于民事诉讼的始终，民事检察和解作为民事诉讼的一个环节，当然可以适应有关调解的规定。在达成和解协议的过程中，人民检察院可以邀请法院调解人员到场，将和解协议的内容以调解书的形式予以固定，从而使协议内容获得强制执行。也有人提出，达成和解协议的，"可以商请法院以自行启动审判监督程序的方式再审，根据和解协议的内容制作调解书，调解书的法律效力溯及和解协议生效之时"。③

（5）邀请公证人员对协议进行公证。和解协议的民事契约的性质，决定了当事人可依《民事诉讼法》第 238 条进行公证。检察机关也可以引导双方

---

① 如四川省成都市人民检察院《关于办理民事和解案件的工作规定（试行）》第 18 条规定："办案人员应当对当事人履行和解协议情况进行跟踪。"

② 如福建省人民检察院《关于开展民事行政申诉案件检察和解工作的意见（试行）》第 16 条规定："和解协议的约定涉及到人民法院执行内容，人民检察院办案人员应当告知双方当事人，向人民法院申请依照《中华人民共和国民事诉讼法》第二百零七条规定办理执行和解。"

③ 郭宗才、张国忠、黄蓓：《民事检察和解研究》，载《政治与法律》2011 年第 1 期。

当事人对该和解协议进行公证，使公证后的契约获得直接向法院申请强制执行的效力。

（6）约定违约责任。"对当事人担心和解协议签订之后，一方又反悔的，可协议约定违约责任内容"，① 促使当事人积极履行和解协议。无论是约定违约责任的部分，还是协议的其他部分，都不能作为当事人不履行协议而恢复申诉程序时，不利于当事人的抗诉理由，但可作为新的诉在向法院重新起诉时，按违约责任得到赔偿。除此之外，有人还提出了"检察和解确认制度"。②

2. 救济。主要包括以下两种救济途径：

（1）重新申请检察机关就原审裁判进行监督。若原审裁判符合抗诉条件，和解协议又真实有效的，一方当事人可在对方不履行和解协议时，单方解除和解协议，并重新申请检察机关对原审裁判进行审查，检察机关可根据申请恢复对申诉案件的审查，依法作出处理决定。

（2）以和解协议为诉由提起新的诉讼。关于和解协议能否成为新的诉由提起诉讼的问题，笔者认为，从民事诉讼法尊重当事人"意思自治"的原则出发，当事人可以以和解协议为诉由提起新的诉讼。从本质上说，和解协议是当事人在申诉阶段在原审裁判所确定的权利义务关系基础上达成的新的民事契约。和解协议本身并不一定是原债权债务关系的延续，也可能形成了一种新的债权债务关系。尽管和解协议与原债务具有密切联系，但仍然可以认为是两个不同的法律关系。③ 这一点不同于执行和解协议，因为执行和解协议是仅就执行过程中遇到的相关执行方面的问题，经双方协商和妥协而达成的协议，并没有改变原判决认定的法律关系及所涉及的权利义务内容。最高人民法院《关于如何处理当事人达成和解协议以致逾期申请执行问题的复函》中，也规定和解协议可以作为另行起诉的基础。但是，这种情况会造成诉讼资源的浪费，当事人又要承担新的诉讼费用，从而形成累诉，所以在实践中很少采用。

当然，以上都是在理论上和现有法律框架内对民事检察和解协议相关问题

---

① 张卫东：《"五项机制"做好民事检察和解工作》，载《中国检察官》2007年第12期。

② 即达成和解协议后，应得到法院的登记确认，经登记确认后的检察和解，具有取代执行根据的效力。参见黄旭东、邓娟：《民事检察和解之法理思辨》，载《探求》2012年第6期。

③ 参见王利明：《关于和解协议的效力》，载《民商法研究》（第5辑），法律出版社2001年版，第439页。

的探讨，若从最有利于化解矛盾和提高司法效率的角度出发，"民事检察和解的效力应当在基本法的层面加以保障，否则，检察和解的制度价值将大为减损，而且也会与法院执行造成不必要的冲突"。①

————————

① 刘辉：《民事检察和解的正当性基础及制度构建》，载《国家检察官学院学报》2009 年第 4 期。

检察公益保护若干程序问题探讨

——以民事行政检察为视角

崔进文 *

在民事行政检察视角内，检察公益保护即为检察机关以民事行政检察手段对公益所进行的保护。其保护程序按先后顺序大体为：首先，保护工作的启动；其次，进行调查；再次，视调查情况进行督促履行职责、督促起诉、支持起诉、参与诉讼或提起公益诉讼等；最后，结果反馈或裁判的执行。在近年来的民事行政检察实践中，关于保护程序出现了许多问题，如检察机关启动程序或采取某种保护方式的条件是什么？检察机关能否采取强制手段进行调查？检察机关在相关诉讼中是何地位？应有哪些诉讼权利？这些问题的解决，对检察公益保护工作能够起到很好的规范和促进作用。

一、程序的启动及其限制

检察公益保护程序并非随意启动，一般需经过相关信息的获取、初步调查甚至立案等步骤，同时还要受到法律原则、检察职权等方面的限制。

（一）信息来源机制

此处的信息来源机制是指检察机关获取公益已受到损害，或正在遭受损害，或存在损害危险等信息的制度或方法。实践中，一些地方检察机关为了提高信息获取和保护的实效，与相关监管单位等通过会签文件或成立相关组织的形式，进行机制创新。一是采取共建的形式。如有些检察院为了保护生态，与辖区环境保护部门、信访部门、监察部门和法院联合，建立环境保护信息专送通道，实现信息共享；实行行政处罚决定书向检察机关报送制度，掌握环境污

---

* 江苏省苏州市吴中区人民检察院副检察长，法学博士。

染处罚情况；建立环境污染"黑名单"数据库，对有严重污染行为的单位和个人进行重点监控。二是采取联合执法的形式。如有些基层检察院通过与相关行政机关开展联合执法的方式，对污染企业进行突击检查，对所发现的问题进行现场查处，获取公益受损信息，进行公益保护。不过，笔者认为检察机关参与联合执法突破了检察机关的属性和职能，将检察机关等同于一般的行政执法机关，对此应当持慎重态度。三是建立网络平台形式。有些基层检察院通过在本院网站开设专栏，或建立专门的网站，或开设博客、微信，积极获取信息。

（二）初步调查

初步调查，也即对信息进行甄别、筛选程序，是对所获取的信息进行初步核实，以判断其价值，进而决定是否予以立案。初步调查的目的是将那些应该由检察机关采取保护措施的受损公益甄别、筛选出来。与检察机关职务犯罪侦查部门的"初查"相比，初步调查具有对"事"不对"人"的特性，一般不会对个人的声誉造成严重负面影响。基于此目的和特性，初步调查一是在启动上所受限制应较少，检察机关内设机构的负责人或一般的检察官都应有权启动；二是初步调查应定位为一种"弱"权力，即调查人员可使用检察机关的介绍信，可以向有关单位、个人进行询问、查询，可以进行勘验、检查，可以委托鉴定，可以查阅、借调有关证据材料，可以对证据材料进行复制、复印、拍照、录像，但不可采取查封、冻结、扣押和传唤等强制措施。

（三）立案

立案是指检察机关经过内部特定组织或人员的审批，决定对相关公益开展保护工作的程序。立案体现了检察机关启动公益保护工作的审慎态度。之所以如此，一是因为检察机关仅是公益保护的主体之一，既非唯一主体，更非主要主体（主要主体是行政机关、社会组织和国有、集体企业）；二是因为检察机关的人力、物力和手段等有限，只能对公益进行有限保护；三是因为近年来的检察实践表明，一些检察院在公益保护方面过多、过滥地采用了督促履行职责、督促起诉和支持起诉方式。

立案条件可从损害事实与保护主体两个方面予以设定：在事实方面，公益已经受到损害或正在遭受损害，或有合理的理由判断损害危险已经存在；在主体方面，相关监管主体不履行职责或怠于履行职责，或缺乏保护主体。审批程序一般可按"承办人——部门负责人——分管检察长"逐级审批的方式设定，特殊时，如涉及社会关注程度高、影响面广和需提起公益诉讼的案件，还需由检察长或检察委员会审批。

二、调查程序中的检察措施

按行政处罚法和相关行政程序法的规定，行政机关在行政管理中有权采取查封、扣押、冻结、强制取样、取缔等多种强制措施。按民事诉讼法、行政诉讼法和相关民事、行政法律、司法解释的规定，法院有权进行必要的调查，有权进行财产保全和证据保全，有权采取查封、扣押、冻结、提取、扣留等强制措施。基于有些证据极易灭失以及当事人会采取隐匿、转移、销毁甚至使用暴力手段抗拒调查取证等情形的存在，赋予检察机关一定的强制措施权确有必要。但强制措施权的设定情形相当复杂，如在涉及到损害公益的法院生效裁判、调解时，检察机关的地位是诉讼监督者；在提起公益诉讼时，检察机关的地位却是案件当事人，必须进行综合考量。具体可分如下情形进行设定：

（一）对公益损害是由诉讼引起的

即法院生效裁判、调解损害公益的，检察机关的调查方式与其他的抗诉案件相同：向法院调阅案卷，向有关单位和组织调取证据，询问证人，要求法官说明判决理由。① 此时，检察机关仅可采取询问、查询、复印、复制、委托鉴定、勘验等"软"性措施，不可采取查封、扣押、冻结、扣留等强制措施。② 理由是：第一，裁判与调解导致的是权利、义务的重新安排，与排污、毁坏等损害行为相比，其体现的是间接损害，不具有现场性、紧急性特点，一般不需要采取强制措施；第二，从 1979 年以来的民事诉讼法的立法内容看，从未赋予检察机关民事检察工作强制措施权，但并未对检察机关的民事诉讼监督工作造成实质性的不利影响

（二）对公益损害非由诉讼引起的

按实际情况设定不同的调查程序，再按调查程序设定强制措施。

1. 初步调查。初步调查是立案前程序，前文已述，其为"弱"权力程序，不设定强制措施权。

---

① "要求法官说明裁判理由"在检察实践中极少采用，也鲜有提及，但笔者认为其应作为一种民事行政检察监督方式，通过立法或司法解释的形式固定下来，配合"纠正违法"、"制发检察建议"使用。

② 在审判人员涉嫌职务犯罪时，检察机关当然可采取刑事强制措施，但由于本文研究的视角是民事检察，故不考虑侦查手段。

2. 一般调查。一般调查和下文介绍的特别调查均是立案后程序。在一般调查程序中，检察权仍被设定为一种"弱"权力，不赋予查封、扣押等强制措施权。一般调查是初步调查的延续，其与初步调查权力大小程度相当。不过，初步调查与一般调查的区别是，初步调查一般不与公益侵害人直接接触，而一般调查不仅与公益侵害人直接接触，还可要求侵害人提供相关的侵害信息。①

3. 特别调查。检察机关在运用"弱"手段不足以保护公益的情况下，成立专门的组织，运用强制措施进行调查。强制措施种类的设定可参照行政强制措施。检察机关在采取强制措施时，应把握以下四个原则：

（1）情况紧急原则。相关的损害行为或损害危险已经存在，不予以制止、预防将对公益造成损害或将使损害进一步扩大，或存在相关的侵害、受损证据可能灭失或以后难以取得的情形。

（2）确有必要原则。一是缺乏保护主体，或相关监管主体不愿采取保护措施或不能充分采取保护措施时，检察机关才可采取相关的强制措施；二是存在公益的监管主体——相关的行政机关、社会组织或垄断集团损害公益情形，检察机关需采取强制措施手段与之"对抗"的；三是检察机关在拟提起公益诉讼的情形下，能通过申请法院采取诉前证据保全、财产保全予以解决的，也不应自行采取强制措施。

（3）严格审批原则。拟开展特别调查程序前，要成立 3 人以上的专门组织。该组织要作出书面申请，对拟采取强制措施的种类、理由要作出详尽说明，在获得本院检察长、检察委员会或上级检察机关批准的情况下，才可实施。

（4）比例原则。所采取的强制措施与所要达到的保护目的相匹配，要确保对当事人等的利益造成的不良影响为最小。

三、督促履行职责、督促起诉和支持起诉的限制与保障

（一）启动门槛的设定

设定门槛的目的是为了避免这几种监督方式的随意采用。第一，应以

---

① 在欧盟的反垄断调查中，调查机构收集信息最普遍的方式是书面要求侵权"嫌疑人"提供信息。若该"嫌疑人"不答复，不会受到处罚；若做出错误或欺骗、误导的答复，会受到处罚。参见欧盟委员会竞争总司国际关系处主管托本·陶夫特：《垄断案件调查程序与方法》，载《工商行政管理》2008 年第 2 期。

"案件承办人——部门负责人——分管检察长"模式,设定审批程序,对案件承办人的发起权进行较严格的控制。第二,针对不同方式设定相应的前提条件。就督促履行职责、督促起诉而言:一是关于相关的行政机关、事业单位、国有企业等不履行、错误履行或怠于履行职责的线索,一般应限定在与所办案件或工作内容有一定的关系范围内,限制专门性的收集;二是能够通过口头或其他沟通的方式达到促使相关的行政机关、事业单位、国有企业等积极、正确履行职责的,就不应采取这两种方式;对支持起诉而言:把握"确有必要"原则:一是被支持者确实是需帮助的"特殊人群";二是需支持者确实因智力、健康或其他原因无法自己行使诉权;三是确实无合适的个人或组织为其代行诉权。

(二)"检察建议"效力的保障措施

检察机关督促履行职责、督促起诉的手段是向被督促的对象提起口头或书面的"检察建议"。而"检察建议"不具有刚性的强制力,其效力在实践中较难得到保障。为了弥补这一不足,检察机关有必要采取或强化某些措施。首先,对口头建议无正当理由不予采纳或延迟回应的,检察机关应及时制发书面的"检察建议",并要求被督促对象限期对采纳情况作出书面答复;其次,对书面"检察建议"仍无正当理由不予采纳或拖延回复的,可将"检察建议"向被督促对象的上级单位抄报,建议该上级单位予以督促;再次,在条件符合时,检察机关可提起公益诉讼;最后,对构成渎职犯罪的,依法坚决追究刑事责任。

(三)支持起诉中检察机关的诉讼地位

从近年的检察实践来看,各地检察机关支持起诉的做法不一:有的检察院仅协助原告收集证据,进行法律指导;有的检察院除此之外,还向法院递交《支持起诉意见书》,但并不参加诉讼;有的检察院在前两者做法的基础上,还参加整个诉讼过程,参加庭审,发表支持起诉意见,甚至参与法庭辩论。[1]如此就产生了两个问题:检察机关是否应参加诉讼过程?若参加,诉权应有哪些?对此,有学者主张检察机关参加诉讼过程,并将检察机关的诉讼地位定位为共同诉讼人或诉讼参加人。[2] 因为支持不应仅停留在诉前,也应体现在诉讼

---

① 参见徐清、徐德高:《检察机关支持起诉面临的困境分析》,载《人民检察》2007年第 20 期。

② 参见段厚省:《论检察机关支持起诉》,载《政治与法律》2004 年第 6 期。

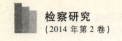

过程中，所以笔者认为检察机关应参加诉讼过程，但检察机关应是配合、支持当事人完成诉讼，不应具有独立的诉讼地位，不能将检察机关作为共同诉讼人。

四、参与诉讼程序的几个问题

参与诉讼是指检察机关对涉及到国家利益或公益的案件，在诉讼开始后，根据法院的通知、当事人申请或自行决定参加诉讼。

（一）参与诉讼的案件范围

检察机关参与诉讼的案件应限制在一个比较窄的范围，概括而言，应为这样几类：第一，对公益产生重大影响或危害重大公共利益的案件；① 第二，一方当事人（如具有垄断地位的组织）的诉讼能力过于强大的案件；第三，社会普遍关注，且具有示范作用的案件；第四，其他需要检察机关参与的重大案件。

（二）检察机关的诉讼地位

在法国，参与诉讼的检察机关被称为从当事人，俄罗斯则没有特定的称谓。该两国检察机关尽管在某类案件中享有与当事人相当的诉讼权利，但毫无疑问，并不具有原告或被告的地位。虽然我国检察机关在宪法中被定位为法律监督机关，但笔者主张检察机关在参与诉讼中的地位既不能超越当事人，更不能超越法院，而应定位为从当事人，否则便会破坏民事诉讼结构。② 当然，此时并不排除检察机关对法院的监督，只是监督角度不能由从当事人的地位出发而已。

（三）检察机关的诉讼权利

在从当事人地位情况下，检察机关行使的是"权利"，而非"权力"。一是得到法院参加诉讼通知的权利。如上所述，检察机关参与诉讼的途径有当事人申请、法院通知和自行决定 3 种，其中以法院通知最为主要。法院对受理的

---

① 参见朱春莉、王文成：《检察机关提起、参与民事公益诉讼的制度设计》，载《人民检察》2011 年第 18 期。

② 参见杨秀清：《我国检察机关提起公益诉讼的正当性质疑》，载《南京师范大学学报》（社会科学版）2006 年第 6 期。

公益诉讼案件，在条件符合或认为检察机关确有必要参与诉讼时，必须参照规定期限通知检察机关。检察机关得到通知后，应当及时派员参加。二是接受法院制作的各种诉讼文书的送达和决定的通知，相关的送达期间应与当事人的相同；三是参与审查证据，查阅案件材料；四是有权申请回避；五是参加庭审，对事实认定和法律适用发表意见，进行辩论；六是对有些特殊类型的案件，有权提起上诉。

五、公益诉讼中的两个问题

（一）诉讼费的承担

关于检察机关是否承担诉讼费问题，有的观点主张检察机关在起诉时缓交，待到法院判决后，若检察机关胜诉了，由被告方承担，若检察机关败诉了，则予以免交。[①] 有的观点主张不仅检察机关在提起诉讼时不应交纳，而且，即使检察机关败诉了，法院也不应判决检察机关承担。[②] 还有的观点坚持检察机关败诉了就应承担。[③] 笔者认为，诉讼费可对检察机关滥提公益诉讼起到一定的制约作用，完全免于承担不尽合理，但若全部承担，又会消减检察机关的积极性，可采取一些折衷办法。一种方案是，由国家财政或公益组织建立专门的公益诉讼基金，检察机关所需承担的诉讼费由该基金支付；另一方案是，在起诉时缓交，若检察机关败诉了则酌情减免。

（二）检察机关的处分权

检察机关提起公益诉讼并非基于其与公益间存在利害关系，而是公益代表人，或者说是公益的诉讼代表人。相应的，检察机关在公益诉讼中是否享有实体方面的处分权，如能否与被告进行和解、是否准许被告提起反诉等，就产生了分歧。有观点反对检察机关在诉讼中与被告进行和解，但有观点却认为，检察机关在诉讼中通过调解、和解方式放弃部分诉讼请求并非必然损害公益，反

---

① 参见刘超：《论检察机关作为环境民事公益诉讼原告的逻辑机理与程序设计》，载《长春工业大学学报》（社会科学版）2010 年第 5 期。

② 参见朱春莉、王文成：《检察机关提起、参与民事公益诉讼的制度设计》，载《人民检察》2011 年第 18 期。

③ 参见刘年夫、李挚萍主编：《正义与平衡——环境公益诉讼深度探究》，中山大学出版社 2011 年版，第 160 页。

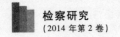

而会给诉讼带来便利。① 有观点认为，被告的反诉请求与检察机关的本诉请求间既不可能存在权利义务关系上的牵连关系，也不可能存在事实上的牵连关系，因此不应准许被告反诉，但因诉讼给被告造成的损失可通过国家赔偿方式予以解决。② 还有观点认为，检察机关一旦起诉，就无权撤诉。③

笔者认为，应赋予检察机关一定的实体处分权，及充分的程序性权利，即检察机关可以与被告进行调解、和解，有权撤诉，有权准许被告反诉。理由是：第一，检察机关提起公益诉讼的前提之一是相关监管主体不愿、不能保护公益或缺乏保护主体，此时可以认为检察机关已取得公众的特别授权，自然拥有充分的处分权；第二，公益诉讼的主要目的是制止侵害，诉讼请求多是"停止侵害、排除妨害、消除影响"，对这些请求的适当放弃或让步，并不必然对公益造成直接损害；第三，实际情况复杂多样，检察机关的诉讼请求不可能全部得以实现，检察机关根据实际情况，放弃一定的诉讼请求或撤回起诉，不仅可有效地推进诉讼进程，有时反而利于公益保护；第四，从比较法角度来看，许多国家都赋予了诉讼代表人在诉讼中的实体处分权。

结语

检察公益保护程序必须体现一种审慎态度，限制督促履行职责、督促起诉和支持起诉方式的随意采用，明确参与诉讼、提起公益诉讼的条件。在许多情况下，公益受损的事实与证据需要强力手段才能查清或获取，有必要赋予检察机关强制措施权。当然，必须坚持情况紧急、确有必要、严格审批和比例原则等，对强制措施予以严格控制。对公益诉讼而言，应建立相应的公益基金，来解决检察机关需承担的诉讼费；应赋予检察机关充分的程序权利和一定的实体处分权，允许检察机关与被告和解、调解，允许检察机关撤诉，允许被告提起反诉。

---

① 参见刘年夫、李挚萍主编：《正义与平衡——环境公益诉讼深度探究》，中山大学出版社 2011 年版，第 41 页。

② 参见朱春莉、王文成：《检察机关提起、参与民事公益诉讼的制度设计》，载《人民检察》2011 年第 18 期。

③ 参见刘超：《论检察机关作为环境民事公益诉讼原告的逻辑机理与程序设计》，载《长春工业大学学报》（社会科学版）2010 年第 5 期。

法学专论

"民生检察"的基础与创新发展

葛志军[*]

"民为邦本，本固邦宁。"民生问题解决得好不好，直接关系到党的群众路线落实，关系到社会的稳定和国家的长治久安。"民生检察"将服务和保障民生作为促进检察工作发展的基本评判标准，突出了检察机关人民性的根本特征，拓宽了检察机关服务民生的思维视野，更好地体现了检察机关贯彻群众路线的实践方式，具有鲜明的时代特征和很强的针对性。

一、民生的内涵与民生检察的界定

"民生"一词最早出现在《左传·宣公十二年》中，所谓"民生在勤，勤则不匮"。《现代汉语词典》把"民生"解释为"人民的生计"。服务和改善民生，是中国构建和谐社会的最大政治，是当今党和政府施政的基本要求和最高准则，也是检察机关一切工作的出发点和落足点。所谓民生检察，理论界尚无明确和具体的定义，但实践中一般认为，民生检察即检察工作服务于人民生计的全部情形。人民是国家主人，人民代表选举产生作为司法机关的人民检察院，代表国家行使法律监督权，为人民服务，对人民负责。人民检察院自诞生之日起，其生命的全部就与人民群众息息相关，维护社会公平正义就是维护人民群众的生存和发展权利。自新中国成立后，"人民"在中国政治体制中的地位达到了前所未有的高度，而随着中国特色社会主义法治理念的建立和实践，"人民利益至上"也彰显了中国政法工作一个全新时代的灿烂辉煌。而践行执法为民宗旨，在新的历史时期下发展群众路线，赋予民生检察新的内涵，正是这辉煌前景的一个准确表述。

---

* 江苏省常州市人民检察院检察长。

笔者认为，民生检察是指检察机关保障和促进人民群众个体和普遍生存发展权利的全部工作思路、运行机制和实践结果。民生检察的工作范围涉及职务犯罪侦查、刑事检察、民事行政检察、控告申诉检察、刑事诉讼监督、检察触角延伸等检察工作领域；履行以上职责的各个单位、检察内设部门所组成的检察组织团队和检察工作系统是执行和推动民生检察的执法主体。民生检察的执法方式，就是在社会政治经济生活的各个领域中，检察机关着力于维护和促进人民群众个体的生命权、健康权、自由权、财产权以及尊严、隐私等法益，通过改善具体的执法方式方法，以达到保障和促进人民群众普遍生存发展权利的需要。民生检察，是一个服务个体和服务一般并存，且由保障个体促进保障一般的实践和逻辑过程。

二、民生检察的理论和实践基础

笔者认为，民生检察的理论和实践基础以人民利益为价值核心，在政治、经济、社会等领域和社会存在、社会意识等层面相互融合，有机统一。

（一）"民生检察"是检察权人民性的体现

我国是人民民主专政的社会主义国家，人民代表大会制度是我国的根本政治制度。我国宪法规定，中华人民共和国的一切权力属于人民，人民行使国家权力的机关是各级人民代表大会；人民检察院由人民代表大会产生，对它负责，受它监督。人民是国家的主人，人民通过直接或间接选举产生的人民代表所组成的人民代表大会行使一切国家权力。宪法赋予检察机关的法律监督权，是人民代表大会所拥有国家权力的重要组成部分。人民检察院行使的检察权，其实是人民通过民主集中的方式让渡于国家的法律监督权力，简言之，检察权是人民的权力。因此，检察机关行使人民的检察权，应尊重人民的意愿，关注人民的反映，体现人民的意志。检察工作服务人民，发展民生，就是尊重检察权力的渊源和体现检察机关的本质，是维护和发展检察制度的基石。

（二）"民生检察"是检察机关贯彻群众路线的载体

群众路线的内涵在于："一切为了群众、一切依靠群众，从群众中来、到群众中去。"检察机关虽然不能直接解决群众的具体生产生活问题，但国家法律监督机关的性质决定其要充分运用法律手段调整、规范人们在生产生活中结成的各种社会关系，维护良好的社会秩序，保护人民群众的合法权益，也就是实现广义的民生，维护公民的人权、自由、尊严和社会的公平、正义。因此，对于检察机关而言，"一切为了群众"，就是要求检察机关牢固树立"服务和保障民生"的理念，坚持"执法为民"的宗旨观念；"一切依靠群众，从群众中来、到群众中去"就要求检察机关不断强化"民生优先"理念，提高群众工作能力，坚持走群众路线，立足检察职能，做到"知民情、懂民意、解民忧、排民难、保民生"。

（三）"民生检察"是检察机关提升执法公信力的源泉

检察机关的执法公信力不是凭空而来的，也不能仅靠外部力量来赋予，需要社会各界的支持和理解，民众的需求正是检察工作不断发展的源泉与动力。在民生视野下开展检察工作，其具有的公信力，是与民众对检察认同程度成正比的。检察机关必须回应民众的要求和期待，把检察工作与关注民生紧密联系在一起，时刻保持同人民群众的血肉联系，真正把检察权作为维护群众利益的权力，把执法岗位作为服务群众的平台，用公平保障民生，体现检察机关亲民、爱民、护民的良好形象，使检察工作真正符合人民的新要求、新期待，增强人民群众对检察工作的信赖感、认可度和满意率。

（四）"民生检察"是检察机关推进法治建设的指引

在当前社会转型期，对权力的崇拜迷信与对法律的信仰两种价值观既相互冲突又相互交织，"对一些案件当事人而言，权力管用就寻求权力干预，法律有利就把法律当成护身工具，实用主义与功利主义色彩强烈，整个社会陷入物质层面的激烈纷争，核心价值得不到张扬，有的纠纷即便一时得到解决，也有可能在更大范围造成思想和秩序混乱"。① 因此，检察机关履行法律监督职能过程中，在遇到权与法错位、利与法倾斜、情与法倒置等矛盾和冲突时，必须担负起引领和推动社会正向进步的使命，旗帜鲜明地保障民生，维护民权，惩罚侵害人民群众利益的犯罪，激发人民群众的正义性价值判断，从而将民意导向文明、理性、民主、法治的价值方向。换言之，教育群众、发动群众、引领群众稳健步入法治社会，应当成为贯穿民生检察工作始终的重要政治使命。

---

① 郑家泰：《坚持司法人民性才会有司法公信力》，载《人民法院报》2012年7月25日。

三、民生检察的困境与出路

(一) 存在问题：民生需求与检察现状的矛盾

1. "民生之盾"不够坚强。目前，刑事犯罪案件持续高发，严重危胁人民群众的生命权、健康权、自由权和财产权。检察机关是国家机器的重要组成部分，肩负着打击犯罪，保障人权的重要使命。一方面，当前滋生各类刑事犯罪的各种因素没有得到严格控制，刑事犯罪发案率居高不下，重大恶性案件时有发生，严重危害人民群众的实体权利和公共安全感。检察机关在预防、控制和打击犯罪的力度和机制上应该高度与时俱进，开拓创新。另一方面，检察机关实施侦查监督、审判监督、执行监督的强度还不够，维护和促进司法公正的力度还不强，保障当事人的发展权利和促进社会的公平正义，检察机关还大有作为空间。

2. "民生之求"不够重视。随着社会主义法治进程的推进，人民群众的法律意识迅猛觉醒，通过法律表达意愿和维护权益的愿望不断增强。刑事附带民事诉讼、民事行政申诉、职务犯罪检举和揭发、国家赔偿申请和法律咨询与援助等合理诉求没有得到畅通表达，没有得到及时解决。检察机关在保障人民群众知情权、诉讼权、控告申诉权等公民权利方面所做的工作尚未完全到位。应特别重视民事行政检察工作、控告申诉检察工作，建立和加强涉法信访调处机制，不断提高平息民生纠纷、化解社会矛盾的执法能力，把检察办案与充分尊重群众、相信群众和依靠群众有机结合，把满足人民群众的合理诉求与关注民生、体恤民情、化解民怨、解决民忧有机结合，最大程度地消除影响社会和谐发展的不稳定因素。

3. "民生之兴"不够保障。人民群众的普遍社会利益和生存发展条件没有得到较好保证。服务和改善民生，要不断发展生产力，提高人民群众的生活水平，坚持以经济建设为核心，最大程度地满足人民群众日益增长的物质文化需要。在涉及人民群众公共利益的许多工作领域，行政机关的违法行政仍然存在，特别是在与百姓生活息息相关的教育、就业、金融、医疗卫生、社会保障、征地拆迁等重要领域，贪污贿赂和渎职犯罪频繁发生，直接影响了人民群众生存发展的条件与环境。同时，检察建议等监督手段的使用不够充分，督促行政机关履行职责，改进工作，服务民生的范围和力度不够。

4. "民生之心"不够坚定。检察机关的司法公信力和人民满意度还有上升的空间。极少数检察人员滥用职权、徇私枉法、司法不公和办案能力低下，破坏国家法治运行的合理基础，损害社会公平正义，损害检察机关的公共权威和清明信用，成为激发社会矛盾的诱因和影响民生改善的阻力。此外，媒体监督、舆论监督对督促检察机关独立公正处理民生案件的作用还有待加强。

（二）思路突破：推动民生检察发展的思路与理念

对于检察机关而言，最大的服务民生就是通过依法充分履行检察职能，维护法律的统一正确实施，从而推动创造一个公平、和谐、健康的民主法治环境。① 笔者认为，做好民生检察工作，必须立足本职，创新思路，从如下几个方面取得新的突破。

1. 更新执法理念，开拓民生检察的新思路。与时俱进，开拓创新，是中国共产党人的基本理论品质。时代在前进，社会在发展，"民生检察"也要与时俱进，体现时代特色。推动民生检察工作的新发展，必须解放思想，学习贯彻党的十八大、十八届三中全会精神，在创新机制上取得新的突破。要不断增强执法为民的社会主义检察理念，不囿于传统思维模式和实践机制，以维护、发展检察制度和最大限度改善民生为目标，大胆解放执法思想，开拓工作领域，创新工作机制，丰富执法手段，升华民生检察工作的司法高度和社会境界。

2. 延伸检察触角，提升民生检察的实际效果。人民生计大于天，检察机关应在民生遭受侵害、威胁和不安之时，把法律监督的触角伸向民生的方方面面，切实遵守检察权限，强化监督效果，最大限度地丰富和完善人民群众的生存、发展权益。要充分发挥检察监督职能，从重刑事检察向刑事检察、民事检察和行政检察三方并重过渡，认真听取群众的呼声和意见，善于发现民生矛盾和社会隐患，大力查处土地征用、房屋拆迁等群众意见较为集中的问题，大力纠正影响民生的行政违法问题，促进行政机关的行政效益、效率和公正廉洁。"民生检察"的实效体现在检察机关办理的每一起案件、执法的每一个环节、做出的每一个法律决定、采取的每一项法律措施上，只有人民群众的合法权益得到有效保护，民生检察的效果才能彰显。

3. 推进阳光检务，提高民生检察的公信力。全面推行"阳光检务"，切实保障人民群众对检察工作的知情权、参与权、表达权、监督权，是进一步推进司法民主化进程的现实需要。让人民群众全面了解司法工作，有利于增强检察机关的决策透明度和公众参与度，是司法工作取得民主性、公正性结果的重要

---

① 参见李乐平：《民生检察的应然要求和实然之路》，载《人民检察》2008 年第 16 期。

前提；把群众在实践中创造的好经验好做法纳入决策体系，推进检察决策的科学化、民主化，是扩大司法民主、拓宽民主渠道的有效形式。民生检察要把维护和发展人民群众的根本利益作为出发点和立足点，走进人民群众，听取社会呼声，向群众学习，争取群众支持。要加强与社会公众沟通，增强检察工作的透明度，大力推行"公开、公正、公信"为主要内容的"阳光检察"，提高检察机关的公信力和执法权威。

4. 加强队伍建设，提升民生检察的工作能力。深化"民生检察"工作主题，必须具备与之相适应的能力素质，这样才能行服务和保障民生之实。在当前改革发展的关键时期，社会变动剧烈，各种矛盾交错，检察干警必须密切关注民生诉求，以新的视角来分析群众心态，充分了解民情。广大干警要通过各种途径，准确掌握信息，保证对实际情况做出准确的分析和判断。要深入研究和把握新形势下群众工作的特点和规律，针对人民群众思想观念、社会矛盾的表现形式、原因、复杂程度，积极探索新的历史条件下检察工作干群结合、依靠群众的新途径新机制，不断提高干警解决民生问题的能力，有效协调利益矛盾，为人民群众排忧解难。要坚持马克思主义群众观点，增强干警做群众工作的本领，自觉摆正同人民群众的关系，保持求真务实、艰苦朴素的优良作风，深入基层、深入群众，与群众打成一片，赢得群众信任。

（三）改革创新：检察制度的自我审视与发展完善

世界检察制度具有多元化的构建模式。我国把检察机关作为法律监督机关来设置，是根植于当代中国国情的理性选择。但当今关于检察权行使的保障机制还很不完善，以致检察权不能以最佳状态运作，法律监督的力度不够，[①]妨碍了检察权在依法治国和服务、改善民生中应有作用的充分发挥。我国检察机关应当以深化司法改革为契机，立足于国家法治建设的全局和服务民生的现实需要，进一步发展和落实检察机关的法律监督制度。

1. 检察机关设置与管理的独立性不够明显。根据《宪法》第 131 条和《人民检察院组织法》第 9 条的规定，人民检察院依照法律规定，独立行使检察权，不受行政机关、社会团体和个人的干涉，从根本上确立了人民检察院依法独立行使检察权的宪法原则。其根本不同于西方国家的"三权分立"体制，从本源上反映了中国特色社会主义的司法规律，体现了中国国体和政权的人民性。但在检察机关设置与管理上的独立性不够明显，一定程度上阻碍了检察工作服务社会民生的充分程度。

---

① 参见张智辉：《检察权研究》，中国检察出版社 2007 年版，第 307 页。

一是少数地方党委、政府对检察机关的人事安排和检察职权行使过分干涉，很大程度上控制了检察人员提名、选举、任免、晋升和调动的权力，形成事实上司法隶属党政的关系，使检察机关的许多本应独立的检察工作不得不服从于地方领导的决定与意见。二是检察机关的经费和设施过分依赖地方政府的配备，且配备的时间和额度没有明确的法律规定。套用马克思主义的经典论述，作为社会存在的经济状态是检察等社会意识的基础。失去来源独立的检察经费保障，必然会促使检察机关服从于地方经济利益，难以避免检察机关不遵从法治，不依法履职等情况的发生。

我国是中国共产党领导的人民民主专政的社会主义国家，国家机关与人民服从于党的领导早已是毫无争议的政治原则。党对检察事业的领导，是政治领导和组织领导，一些地方党政部门对检察机关的业务工作及相配套的非领导的法律职务人事安排进行干涉毫无依据。目前，对检察机关法律职务的独立安排、检察经费来源的直属配置、检察业务工作的独立决策等问题，理论界和实务界正逐步达成共识。

2. 检察职权和行使方式的法律赋权不够充分。在我国，国家权力的运作，接受政党监督、权力监督、行政监督、法律监督、群众监督和舆论监督等不同主体、不同层面和不同方式组成的监督统一有机体系的各种限制。检察机关的法律监督，因其特殊地位，担负着特别重要的使命。其特殊性在于，法律监督由专门的法律监督机关即检察机关根据法律的明确授权，运用法律明确规定的手段，对法律明确规定的特定对象进行能够产生特定法律效果的监督。法律明确规定的法律监督范围和职权有：第一，对直接受理的刑事案件进行侦查的权力；第二，对刑事案件提起公诉的权力；第三，对公安机关的侦查活动和人民警察执行职务的行为进行监督的权力；第四，对刑事诉讼、行政诉讼和民事审判活动进行监督的权力；第五，对监狱执行刑罚的活动、看守所的监管活动进行法律监督的权力。另外，最高人民检察院还享有发布司法解释的权力。

从检察机关法律监督的特殊属性出发，上述法律明确规定的监督范围远远不足以满足民生检察的应然要求。检察机关保障和促进人民群众的生存发展权利的范围和方式，必须紧扣丰富多彩的社会生活，反映人民群众的各种需求。

笔者认为，在监督范围上，应赋予检察机关对违反法律规定和损害人民利益的规章制度的审查能力；应明确检察机关对行政活动同期介入的范围和原则，扩大和提高检察预防职务犯罪的领域和能力；应扩大检察机关对行政机关违法行政活动的监督范围，把没有构成渎职犯罪的行政违法也纳入检察视野，加强对行政强制措施的执行监督，切实维护人民群众的自由权利和财产安全等。在执法手段上，要加强侦查信息化和装备现代化建设，建立和完善技术侦

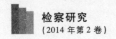
查等措施，提高检察机关查办职务犯罪的能力，促进检察机关职务犯罪侦查权的及时有效行使；要扩大诉讼监督的力度和范围，确保诉讼过程中的人民群众合法利益包括被追诉人利益得到有效保护；要明确检察纠正违法的法律约束性；要肯定检察建议对行政机关或其他单位维护人民利益产生的有效性。

3. 检察工作与社会民生融合的机制缺乏具体设计。民生检察，是保障和促进人民群众个体和普遍的生存发展权利的检察工作范畴，其本质决定了检察工作与人民生活鱼水相融，检察服务民生，人民支持检察是其制度设计的应有之义。当前司法实践中，民众参与检察事业的通道囿于与案件有关的当事人主义或对职务犯罪的隐匿举报行为，对实践和加强中国特色社会主义检察制度的人民性不利。

坚持和实践民生检察，应强化检察为民的执法理念和服务民生的工作机制，增强关注社会民生的主动性和体察民情民意的能力，司法融入社会基层，检察倾听人民呼声。建立和完善基层法律服务站、民情联络点、检察联络员和巡回办案、带案下访等征求民意机制，畅通控告申诉、意见反映和建议表达渠道，树立检察机关执法为民、公平正义的权威形象，文明执法，热情服务，把人文关怀和弱势保护注入检察工作实践，重视职务犯罪线索等群众举报、揭发行动，强化对证人及其亲属民主权利和财产权利的保护机制，深入开展民生检察的工作调研，考察、研讨和论证检察工作与人民群众融合、互促的工作方式方法和具体制度设计。

在新的历史时期下，坚持全心全意为人民服务的宗旨，深入贯彻落实群众路线，检察机关必须要从宽思路、广领域、大范围、双层次、多手段推动民生检察建设，充分彰显社会主义检察制度的人民性和法律性，不断满足人民群众的新要求和新期待，提高检察机关的执法能力和人民满意度，促进社会主义和谐社会的建设和完善。

论我国刑事救济程序的改革方向

刘　磊[*]

"一个理性的政府没有理由拒绝程序建设。如果国家在社会事务中发挥的作用越积极、越重要，那么对于程序的要求也就越强烈。不按程序办事尽管可能带来一时的方便，但这样做的代价非常高，甚至会危及统治体制的正统性。因此，主要的问题倒不是程序化本身是否可行，而是程序合理性和程序正义的实现程度。"[①] 我国目前的刑事救济程序在人权保护及实现权力制衡上仍然存在着一定的局限性，必须从诉讼理念及具体制度上进行深入改革。只有对我国现行的刑事救济程序不断加以改造，才能有效改变我国刑事司法领域中人权保护不够有力的状况。[②]

一、应当避免认识与理念上的误区

（一）误区之一：将程序完全等同于形式理性

由于传统法律文化的影响，我国法律传统对于程序法的功能一直不够重视。很多人将"程序"等同于法律条文中的形式理性，认为只要是遵守现行程序即符合"程序正义"，即使立法上不合理地限制公民的诉权与救济权，只要公、检、法三机关"依程序办事"，最终结果都是合法又合理的。正当程序（Due Process）理论与制度起源于英美法，包含程序性正当程序与实质正当程序，前者主要指设置透明公正的程序处理实体纠纷，后者则是要求国家立法之

　　*　苏州大学法学院副教授，法学博士，美国密歇根大学安娜堡分校法学院访问学者。
本文为 2012 国家社科基金项目"刑事程序法的功能研究"之研究成果，项目批准号：12CFX044。
　　①　季卫东：《法治秩序的建构》，中国政法大学出版社 1999 年版，第 79 页。
　　②　早在百年前，清末修律大臣沈家本就主张修法："我法之不善者当去之，当去而不去，是之为悖。"

前必须保障当事人正当的诉权与救济性权利。根据实质的正当程序理论，立法者不得无故剥夺公民正当的人权。① 立法者不得以合法的程序实现非法目的，不得找借口任意剥夺与限制公民正当人权。在实质正当程序理论下，刑事诉讼法立法条文的正当性仍然应当允许民主讨论、学术质疑与实证评判。例如，根据修改后的《刑事诉讼法》第 188 条之规定，被告人的配偶、父母、子女有权不出庭作证，但近亲属在侦查阶段是否有权拒绝作证该条并未明确。如果据此推论，侦查人员向被告人配偶、父母、子女调查刑事犯罪事实时其有义务回答侦查人员询问，则违反程序正义。② 再如，我国现行刑事诉讼法规定了刑事被告人自案件移送审查起诉之后有权聘请辩护人，在被告人因经济困难等原因无力聘请辩护人的情形下，由法官决定是否为其指定辩护人。表面上看，法官因为享有自由裁量权，所以即使其不为被告人指定辩护人，也是有法律根据的；但是从实质上考察，被告人在无辩护人的情况下，很难行使救济的权利。因此，现代的程序法应当是实质理性与形式理性的结合，而绝非利用形式化的程序来限制当事人的实质性权利。"不可否认，片面地强调法的形式性而忽视其内在价值，是有可能导致暴政，只能使国家成为'法律统治的国家'，而不能成为法治国家——因为法的形式化是法治的必要条件，而非充分条件。"③ 所以，因各种因素制约，尽善尽美的立法在现实中是不可能存在的，因此刑事诉讼立法与司法解释条文并非都是合理的，必须根据法治建设的深化和人权保障的强化来修改立法中不合理的规定。

（二）误区之二：唯实体真实主义

虽然，发现真相实现刑罚权是刑事诉讼法追求的首要目的，但现代司法上并无不计代价的真实发现，实现"实质化的程序正义"亦是刑事诉讼的重要目标。我国目前的刑事救济程序建立在"实事求是"的理念之上，要求刑事

---

① John Harrison, "Substantive Due Process and the Constitutional Text", Virginia Law Review（April 1997），Issue 3, Vol. 83, pp. 493 – 558 ; Kaharick Jerome, "Constitutional Law – Fourteenth Amendment – State Action – Substantive Due Process", Duquesne Law Review（1989），Vol. 28, pp. 387 – 411.

② 如果允许侦查人员向被告人配偶等近亲属强制取证，由于调查后的笔录在卷宗内相较详细，法官仍然可能通过阅读卷宗了解近亲属证言。如果剥夺近亲属侦查阶段的免证权，即使证人不出庭，法官仍然能够看到公诉卷宗内近亲属证人的证言，刑事诉讼法第188 条所规定的近亲属免证权利条款将会形同虚设。

③ 江海燕：《形式理性的误读、缺失与缺陷——以刑事诉讼为视角》，载《法学研究》2006 年第 2 期。

司法机关"有错必纠",甚至还以"错案追究制"来追究案件承办人的责任。[①] 表面上看,"有错必纠"的理念似乎有利于当事人获得救济,但司法实践中却未必如此,甚至恰恰相反。例如,我国目前的审判监督程序对于再审之后是否可以加重原判刑罚没有任何规定,同时由于二审以"全面审查"为原则,这导致法院在二审完毕之后可以立即启动再审程序来加重原判刑罚(即使被告人没有上诉)。由此可以看出,我国刑事救济的指导思想是:只要原判决确有错误,国家刑事司法机关有错必纠。但是,这种"唯实体真实主义"在实践中却发生了与制度设计初衷不符的变化。首先,由于错案追究制的存在,案件一旦被纠正,办案人员要承担法律责任和其他不利后果(例如影响个人与单位的绩效考核),司法人员是否愿意主动纠正错案颇值疑问。[②] 其次,由于以"唯实体真实主义"为导向,法律对于当事人救济的理由、方式缺少细致的规定,使得当事人即使在没有任何证据及法定理由的情形下,也会不遗余力地"上访",甚至请人代为上访申诉(例如请"上访专业户"来助其上访)。再次,由于唯实体真实主义,判断案件正确或错误的标准是案件的实体结果是否正确,至于诉讼程序如何则可以不论,这使得刑事司法机关在司法活动中以实体真实为导向而忽略了程序本身的价值。最后,由于唯实体真实主义,刑事被告人合法的诉讼权利可能会受到侵害,因为在我国,理论上任何一级法院判决的案件都可以再审,这意味着被告人即使已经入狱服刑,其还要时时担心案件会因受害人申诉而被推翻重审,我国再审法院完全可以通过再审程序加重其刑罚。

(三)误区之三:唯司法成本论

诉讼效率是刑事司法所追求的重要价值之一,简易、速决程序已经成为刑事诉讼程序的发展趋势。英谚有云:"迟来的正义为非正义",意思是当

---

① 发生冤假错案后,对办案人员进行问责有其必要性。例如,浙江张氏叔侄冤案的发生与侦查人员片面追求破案率甚至故意忽视无罪证据有直接关系,当办案人员基于故意甚至恶意制造冤假错案,在一些个案中对其追责是正当的。但如果是程序正义之下的判决结果,只要法官遵守审判规则与正当程序,即使出现与客观真实相反的结果,亦不得对其问责。简言之,程序正义之下的判决结果具有正当性,而违反程序正义制造冤假错案的办案人员应当被追究相关责任。

② 例如,最高人民检察院1998年试行的《人民检察院错案责任追究条例》第4条规定:"追究错案责任应当坚持实事求是、有错必纠的原则,以事实为依据,以法律为准绳,准确认定案件性质及责任人员。"

事人获得司法正义的时间不能过于推迟，对权利的救济应当及时而非让当事人担负时间成本。但是，由于目前我国刑事司法资源有限，以及刑事司法机关在司法活动中只以自身为参照系，我国诉讼当事人获取救济的效率并不高。

1. 刑事司法机关存在转嫁诉讼成本的倾向。当刑事司法机关承担着大量的案件负荷时，其为了减轻自身办案压力，往往会按照"小案小办"的思路，将大量案件以简易程序（辩诉协商）终结。这一做法虽然"分流"了案件，但却可能导致裁判品质下降的负面后果，使当事人不能获得公正的审判与司法救济。从诉讼法理上讲，过度的效率追求可能会损害刑事司法的正当性与公正性，我国 2003 年试行的诉辩"认罪协商程序"便是一例。根据 2003 年最高人民法院、最高人民检察院、司法部试行的《关于适用普通程序审理"被告人认罪案件"的若干意见》，对于"被指控被告人犯数罪的案件，对被告人认罪的部分"，法院可以简化审理。我国目前的辩护制度并不完善，被告人同意适用简化审理，实践中容易成为司法机关为追求诉讼效率而忽视当事人诉讼权利的凭借。再就我国的错案成本而言，由于我国的国家赔偿制度对申请人赔偿的数额非常有限，一旦案件出现错误，当事人不得不承担刑事司法机关的错误成本。

2. 在立法上优先考虑刑事司法机关的办案需要。以我国目前两审终审制的设置而言，为了迅速终结案件，法律只给刑事被告人一次上诉的机会（死刑立即执行的判决需经最高人民法院复核），通常上诉程序结束后判决发生法律效力，当事人仍然不服的，就只能通过审判监督程序进行申诉。我国在几十年前确立两审终审制，当时主要是考虑到幅员辽阔、交通不便以及刑事司法资源有限的国情，但是在当今社会经济快速发展的时代背景下，这一理由已经不再充分。对于刑事诉讼中各种与当事人利益密切相关的程序性决定，我国目前并未赋予当事人充分的救济权，例如对于请求司法人员回避及管辖权异议，当事人往往只能向本级人民法院申请一次，如果法院驳回则不准再次申请。刑事立法在无形中剥夺了当事人的救济权利，刑事司法机关为了办案需要，很多情形下草率处分当事人的救济权，容易导致公权力的自我膨胀，得不到应有的监督和制约。例如，以 2013 年经再审纠正的浙江叔侄冤案为例，两名无辜被告人在 2003 年遭受误判后，历经十年申诉案件才有转机。错误判决一旦生效，当事人进行救济的成本高申诉成功率其实很低。与其事后救济，不如赋予无辜者在判决生效前多次上诉的机会，可能会事半功倍。①

二、建立适度的司法审查制度

由于我国目前的救济体制偏重于刑事司法机关的"内部救济"，当事人在权利受到侵害后，往往只能通过同级或上级司法机关寻求救济，而无法请求法院审查公安机关、检察院的诉讼行为是否合法，所以，建立有效的司法审查机制将是我国未来刑事司法改革的目标之一。刑事诉讼中的司法审查原则，是指在刑事诉讼中，刑事司法机关重要的诉讼处分必须受中立、公正法院的审查。② 司法审查原则已经发展成为一项刑事司法国际准则，例如《世界人权宣言》第 8 条规定："任何人当宪法或法律所赋予他的基本权利受侵害时，有权由合格的国家法庭对这种侵害行为作有效的补救。"《世界人权宣言》第 9 条规定："对任何人不得加以任意逮捕、拘禁或放逐。"我国签署的《公民权利和政治权利公约》第 9 条也规定："对任何人不得加以逮捕或拘禁，除非依照法律所规定的根据和程序，任何人不得被剥夺自由，任何因刑事指控被逮捕或拘禁被剥夺自由的人，有资格向法院提起诉讼，以便法庭能不拖延地决定拘禁他是否合法以及拘禁不合法时命令予以释放。"当公民在刑事诉讼中的基本权利受到侦查、公诉机关侵犯时，有权向法院申请司法审查，由法院来对公民权利进行救济。

（一）对重大的侦查处分实行"令状主义"

"司法令状主义"是指在启动、运行司法程序时，必须拥有合法的"令状"，否则会被视为无效。对于强制侦查行为而言，由于其可能会对公民的人身、财产、隐私等各种权利造成损害，所以拘留、逮捕、监视居住等强制措施的运用必须慎之又慎。很多国家对于重要的侦查行为均赋予法院司法审查的权利，例如在美国刑事诉讼中，如果侦查主体以剥夺公民人身自由、住宅、财产等方法进行侦查，则必须接受美国法院的司法审查。③ 对于搜查、扣押、逮捕、监听等可能涉及公民权利的侦查方法，美国宪法与司法判例规定了严格的

---

① 参见刘磊：《案外因素对催生刑事冤案的作用力研究——以美国 1188 件冤案的结构性分布与案外成因为例》，载《现代法学》2013 年第 2 期。

② 参见谢佑平、闫自明：《宪政与司法：刑事诉讼中的权力配置与运行研究》，载《中国法学》2005 年第 4 期。

③ 参见王兆鹏：《美国刑事诉讼法》，台湾地区元照出版公司 2007 年版，第 26 页。

法律要件，如果警察违法侦查，犯罪嫌疑人既可以当场拒绝，也可以事后要求法院司法审查并获得司法救济。非经正当程序不得剥夺他人生命、自由、财产是刑事法治的基本原则，由于刑事强制侦查行为涉及被告人自白任意性、当事人的隐私权以及其他人身、财产权利，所以其应当接受司法审查。对涉及被告以及其他当事人人身、财产进行强制处分的搜查、扣押、拘留、逮捕等侦查行为，无论是大陆法系的德日等国，还是英美法系的英美等国，"令状"主义都是其刑事司法准则。我国目前除逮捕（审查机关是检察院而非法院）外，其他侦查行为都是由侦查机关自主审查，犯罪嫌疑人在事后并不能向法院寻求救济。简言之，目前我国法院在侦查阶段中无权审查侦查机关的诉讼行为是否合法。如果借鉴日本做法，对于技术侦查、搜查等特定的侦查行为，可考虑由检察机关对公安机关的侦查行为进行令状审查。①

（二）建立公诉审查制

我国属大陆法系国家，检察官在性质上属"司法官"，其在公诉程序中享有"公诉裁量权"，可以用"微罪不起诉"、"缓起诉"、"证据不足不起诉"等各种形式来对被告人进行诉讼处分，这些公诉裁量权如果不受制约，既会影响国家刑罚权的实现，也有可能会损害被告人及受害人的合法权益。② 很多国家对于检察官的不起诉决定设置了相应的救济程序，例如日本有"检察审查会"与"准起诉程序"两种制度可以在事后纠正检察官不当的不起诉决定。从德、日等国的缓起诉处分救济方式来看，主要有"申请再议"、"检察审查会制"、"强制起诉程序"等。我国目前对于不起诉的救济主要有"申请复议复核"（修改后《刑事诉讼法》第 175 条）与"受害人自诉"（第 176 条）及被不起诉人"申诉"三种途径。但是，这三种救济途径在司法实践中发挥的作用非常有限，因为法院对于检察院的不起诉决定无权进行审查。在证据不足的情况下，检察官如果强行提起公诉，会使被告人遭受身心上的痛苦。为了防止检察官滥用公诉权，很多国家为此设置了"大陪审团预审"、"预审法官预

---

① 修改后刑事诉讼法实施后，对窃听、GPS 定位追踪、卧底侦查等特定技术侦查行为，是由上级公安机关决定。本文认为，今后时机成熟时，可进行修法改由检察机关批准决定，并给予当事人向上级检察机关申请复议的权利。

② "证据不足不起诉"（存疑不起诉）有可能在司法实务中被滥用，例如检察机关为追求职务犯罪侦查中的认罪率与有罪判决率，当犯罪嫌疑人有数起犯罪事实时，有时会主动引诱甚至威胁被告人必须"认罪换量刑"或进行辩诉交易。例如职务犯罪嫌疑人有数起受贿行为，反贪局为保证有罪定罪率与减轻案件负荷，有时引诱或威胁职务犯罪嫌疑人主动认罪，以换取从轻起诉或认罪换量刑。

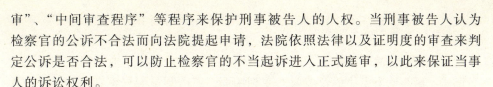

审"、"中间审查程序"等程序来保护刑事被告人的人权。当刑事被告人认为检察官的公诉不合法而向法院提起申请，法院依照法律以及证明度的审查来判定公诉是否合法，可以防止检察官的不当起诉进入正式庭审，以此来保证当事人的诉讼权利。

三、在时机成熟时通过完善释宪机制来调适刑事诉讼立法

（一）调适宪法与刑事诉讼立法及司法解释间的关系

当检察官认为法院对法律的解释不当，或者刑事被告方认为审判程序剥夺了其宪法上的基本权利时，应当有权上诉到一国的最高法院，由最高法院的大法官来释宪。通过宪法上的判例来校正法律条文的不统一，将刑事诉讼中的人权保护以宪法判例的形式贯彻到刑事司法实践中，已经是欧美诸国刑事诉讼发展的趋势之一。一国违宪审查机关的设立及运行，受该国司法机制、诉讼文化、法律背景等诸多因素影响。例如，美国的违宪审查由美国联邦最高法院的九名大法官以少数服从多数的形式进行，法国建立专门的宪法法院来进行违宪审查，我国台湾地区则通过司法院的"大法官会议"来进行违宪审查。但是，无论采用何种违宪审查制度，在刑事诉讼中赋予刑事被告人宪法救济的权利是法定的内容。宪法救济往往是公民最后的法律上的救济手段，是一国公民维护其合法权利的最后希望，也是一国司法公正程度的反映。① 我国目前虽尚未建立起一套行之有效的违宪审查机制，刑事被告人在其权利受到侵害时，不能通过法定程序向最高人民法院申请人权保护。对于我国未来如何建构符合国情的违宪审查制度，需要进行充分的理论研讨与司法实践检验，笔者认为可以借鉴美国的违宪审查制度之设立初衷，在全国人大之下设置专门的宪法委员会，如果刑事诉讼法与宪法存在理解上的差异，由专门的宪法委员会进行调适。对于我国而言，采取由宪法委员会集中进行合宪性审查的做法，一方面可以节约改革成本，另一方面可以避免对地方法院妨碍合宪性审查，从而迅速建立起具有充分的政策判断能力和高度司法权威的审查机构。

---

① "良好的违宪审查制应当促使公民将自身利益与对宪法的关注密切联系起来，让宪法成为公民必要时可真正运用来维护自身利益的一个有用工具。在我国，要有效保护包括人身自由在内的公民的宪法权利，必须有可供公民真正运用的违宪审查制度，否则宪法确认的公民基本权利被层层克扣和被非法侵犯的状况将难以改观。"童之伟：《从若干起冤案看人身自由的宪法保护》，载《政治与法律》2004 年第 5 期。

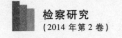

（二）建立宪法诉讼制度①

宪法是一国的最高权威，如果宪法中的人权保护规定在刑事司法实践中流于形式，那么整个宪法的权威就会受到削弱。宪法既是人权宣言书，又是人权保护的法律武器。所以，要使刑事诉讼法更好地保障人权，就应当从宪法上为其实施提供充分的立法根据与保障措施。宪法诉讼便是这种保障措施的重要内容，没有宪法诉讼制度，当事人便无法以宪法为根据要求刑事司法机关改变与宪法人权条款相抵触的诉讼行为。更重要的是，通过宪法判例，有关的判决理由与判决结果会对刑事诉讼产生指导性的意义，为刑事诉讼法的现代化创造宪法上的条件。"宪法是现代国家法律体系的重要组成部分，宪法确认的公民基本权利也是公民在法律上的权利，公民的宪法基本权利被侵犯时，如果因为没有相应的具体法律规定不能通过诉讼得到保障，也不能直接依据宪法提起诉讼，那么宪法基本权利的存在也就失去其独立的意义。"② 当今世界，将犯罪嫌疑人、被告人的正当权利宪法化，在刑事程序中使国家权力的运作方式宪法化，已是大势所趋。例如，日本《宪法》第 31 条规定："不经法定程序，不得剥夺任何人的生命或人身自由，也不得对其实施刑罚。"日本《刑事诉讼法》第 454 条规定："检察总长在判决确定后发现案件的审判违反法令时，可以向最高法院提起非常上告。"③ 在刑事诉讼中，法院要对法律进行解释，这种解释可能会与宪法相冲突，当冲突发生时需要设置特殊的程序来保障宪法的权威。

四、完善国家赔偿制度

（一）现行国家赔偿制度的缺陷

我国目前虽然已经有国家赔偿制度，但却并不能充分地救济错案中的刑事

---

① "宪法诉讼与宪法监督、宪法适用、司法审查、违宪审查、宪法司法化的概念所不同之处，在于所谓宪法诉讼是解决宪法争议的一种诉讼形态，即由特定的司法机关依据宪法，对于公民遭受公权力侵害的宪法权利，通过法定程序提供最终司法救济的法律制度。"王秀玲：《论宪法诉讼势在必行》，载《政治与法律》2005 年第 2 期。

② 费善诚：《我国公民基本权利的宪法诉讼制度探析》，载《浙江大学学报》（人文社会科学版）2001 年第 4 期。

③ 这里的"违反法令"，是指根据日本《刑事诉讼法》第 405 条规定，在"违反宪法或者对宪法的解释有错误"时，当事人与检察官均可以"上告"的形式要求最高法院解释宪法以及作出判例。

被告人，其主要缺陷在于：第一，"先确认、后赔偿"的赔偿要件限制了赔偿请求人的求偿权。根据《国家赔偿法》第 20 条的规定，赔偿义务机关只有在其刑事诉讼行为被确认为违法时，才会向请求人给予赔偿，否则赔偿请求人只能申诉。该条文表面上看似合理，但实际上，由原司法机关确认其刑事诉讼行为违法在司法实践中十分困难，除非刑事司法机关自愿纠正错误，否则申请人便会申诉无门。第二，公、检、法三机关的赔偿责任分配不合理。根据《国家赔偿法》第 19 条的规定，再审改判无罪的，作出原生效判决的人民法院为赔偿义务机关，对于批准逮捕的人民检察院而言，此种情形不需要承担赔偿责任。① 第三，赔偿数额过低。根据《国家赔偿法》第 26 条的规定，当公民因错案而遭受身体伤害、部分或全部丧失劳动能力甚至死亡时，依照"国家上年度职工平均工资"来计算赔偿数额，导致公民所获得的赔偿金非常有限。② 第四，赔偿范围不包括精神损害赔偿。由于国家赔偿法对精神损害赔偿没有相关规定，因此即使公民因错案在精神上遭受损害，也无权就精神损害申请国家赔偿。

（二）完善刑事错案的赔偿制度

如果国家赔偿程序完全以书面审查的方式进行，申请人则不能有效表达自己的请求以及证据，这往往会使得赔偿申请人的申请无果而终。③ 首先，应当建立完备的赔偿听证程序，以开庭或言词听证的形式来审查赔偿申请人的请求。在听证程序中，申请人有权聘请律师进行举证、辩论等诉讼活动。其次，应当在公、检、法三机关内部建立独立的赔偿委员会，赔偿委员会行使职权不受行政权与个人的干涉，赔偿委员会的委员应当享有人身与职业上的保障，以

① 《国家赔偿法》第 19 条第 4 项规定："二审改判无罪的，作出一审判决的人民法院和作出逮捕决定的机关为共同义务机关。"这意味着在公诉案件中，人民检察院与人民法院共同承担赔偿义务。二审改判与再审改判为什么会导致赔偿义务机关的不同，国家赔偿法似乎缺乏令人信服的理由。

② 例如在公民因错案而死亡时，赔偿总额不过为"国家上年度职工平均工资的二十倍"，以此标准计算，即使无辜公民因错案而被执行死刑，其近亲属所获得的赔偿金总额仍然较低。以 2013 年的浙江张氏叔侄冤案为例，虽然浙江省高院最终判决给予 2 名无辜者 160 万元的特别赔偿，但 10 年冤案的代价对两名被告人造成的影响不容低估，该赔偿数额难以真正解决冤狱受害者的心理创伤、人生残缺、生活窘困、婚姻家庭破裂等各种不利影响。

③ 在书面审查方式下，赔偿申请人只能寄希望于刑事司法机关的内部纠错，书面审查并非诉讼程序，缺乏必要的言词审理与证据材料，最终的审查结果往往不利于申请人。

中立、公正的法律来审查赔偿申请人的请求是否成立。再次，应当尊重公民正当的赔偿权利，适当提高赔偿的数额。我国目前的经济水平虽然与发达国家有一定差距，但这并不能成为赔偿数额较低的理由。最后，应当将精神损害赔偿纳入国家赔偿的内容，因为公民因刑事司法错误所遭受的损害既可能是人身、生命上的，也可能是精神上的。虽然，精神损害赔偿的具体数额因案而异，很难统一标准，但是在特定的侵害公民人身、人格、名誉的犯罪案件中赋予申请人必要的赔偿请求权（例如无辜者因长期服刑而产生精神性疾病），这完全符合现代人权法的发展趋势。

论举证责任的合理分配

——基于新刑诉法与刑法相互协调的思考

邱　勇*

犯罪构成与刑事责任是刑法上的两个基本概念，二者之间具有必然的因果联系。同时，在刑事诉讼中要真正实现犯罪构成与刑事责任的价值，离不开诉讼主体的相互举证。修改后的《刑事诉讼法》第49条规定："公诉案件中被告人有罪的举证责任由人民检察院承担，自诉案件中被告人有罪的举证责任由自诉人承担"，此条款在证据一章中属于新的规定，似乎相比于修订前的刑事诉讼法是一个进步；但实际上，就刑事诉讼中的举证责任而言，这项规定是不完整的，在刑事责任证明主体上显得十分单一，片面突出了控诉方的举证责任，而回避了被告人的举证责任，与刑法领域的犯罪构成理论、犯罪阻却事由以及相关罪名的罪状设置等诸多内容之间形成一定的冲突，有必要从协调新刑事诉讼法与刑法关系的角度进行思考与论证。

一、逻辑前提：举证既是一项义务，也是诉讼主体权力（权利）实现的必要保障

在我国，犯罪构成体系源自苏联刑法理论中的犯罪构成四要件，即以犯罪主体要件、犯罪主观要件、犯罪客体和犯罪客观要件为并列要素的犯罪论体系。有学者将犯罪构成四要件称为耦合式犯罪构成体系，即四要件之间是"一存俱存、一损俱损"的共存关系，与大陆法系递进式犯罪构成体系不同，各要件必然依附于其他要件而不可能独立存在，只有认定四项要素同时成立，行为才可以被定罪。[①]

---

* 江苏省镇江市人民检察院法律政策研究室主任。

① 参见陈兴良主编：《犯罪论体系研究》，清华大学出版社2005年版，第13页。

在此理论之下，行为符合四要件即可定罪，但是行为人却无法借助四要件或其他理论进行辩护，犯罪构成四要件在保障被告人权利方面存在严重的制度性不足，这是长期以来刑事诉讼中控诉容易而辩护艰难的原因之一。如果对现有的犯罪构成理论进行改造，将排除犯罪事由等因素纳入犯罪构成体系才更符合定罪的司法逻辑和功能性要求，在控辩双方之间合理分配举证责任也就成为现实可能。第一，完善的排除犯罪事由理论，能更好地保障和实现被告人的辩护权。由于现在的犯罪构成要件的认定，是将积极和消极层面的评价合而为一的，因此想要在四要件之外单独考察是否具有"排除犯罪事由"，没有可能性，从而导致被告人不知道该提出哪些抗辩理由。如果除了法律明确规定的正当防卫、紧急避险之外，还能将不可抗力、意外事件甚至精神病、未成年等合法或正当理由都涵盖进排除犯罪事由中去，被告人的辩护权就可以有的放矢、充分合理地展开。第二，对这两类理论分别研究就使司法证明过程出现了阶段性，对于犯罪构成要件的证明和对于存在排除犯罪事由的证明先后进行，可以避免将意外事件、不可抗力、正当防卫、精神失常等排除犯罪理由在犯罪构成四要件中合并交错考虑所引起的思维混乱，有助于减少错误的有罪判决、提高被告人在诉讼中的地位和处遇。第三，排除犯罪事由作为在构成要件之外考察的因素，是独立于构成要件的事实，它不是对构成要件的单纯否定，而是法律制定的个别的允许规范，它赋予表面符合构成要件的行为以正当化的理由。

就举证责任的特点来说，首先，它总是与一定的控辩主张相联系。控辩双方诉讼主张的存在是刑事举证责任产生的前提，审判活动总是围绕着控辩双方的诉讼主张而展开和进行的。控辩双方的主张不仅是其举证加以论证的对象，而且也是法官的审理范围。在刑事诉讼中，检察机关指控被告人构成犯罪，请法院给予刑事处罚，即是其提出的诉讼主张，该主张具有对法院审判构成约束的法律效力。其次，举证责任总是与一定的诉讼风险相联系。如果承担举证责任的一方当事人不能提出足以说服法官确认己方诉讼主张的证据，则需承担败诉或其他不利后果。比如若控方不能提供确实充分的证据，或诉讼结束时案件仍处于真伪不明的状态，指控的罪名便不能成立，被告人被宣告无罪，这实质上是指控的失败，是控方的不利后果。最后，举证责任是行为责任与说服责任的统一。行为责任，即一方为了避免败诉，通过自己的行为对有争议的事实加以证明的责任。说服责任是指在整个诉讼过程中，提出证据证明主张事实之各个要素并使裁判者相信该事实存在的责任，该责任主要由控方承担，即控方为保证法院做出对被告人有罪的判决，必须充分论证己方观点，并随时反驳辩方的证据和观点。① 说服责任的存在成为当事人积极履行行为责任的原动力，而控辩双方实际承担行为责任也正是以避免承担说服责任为目的。从主观角度出发，控方总是希望尽可能地向审判机关提供证据，以避免举证责任的实际发生；而被告方也总是积极地提供证据，反驳对方，为自己辩解，以促进法官依照举证责任做出裁断。就此而言，说服责任是本质，行为责任是其派生和投影，而我国诉讼法学界实际上已经普遍接受举证责任中行为责任和说服责任的双层含义。

同时，在刑事诉讼中，控辩双方承担举证责任也具有不同的特点：一是承担举证责任的先后顺序不同。由于刑事诉讼因控方的起诉而启动，因此控方是先主张者，应当先承担举证责任。而根据无罪推定原则，被告人在控方的证明负担解除之前无需承担积极抗辩的举证责任。从理论上讲，被告人甚至都无需提出无罪或罪轻的证据，即使提出证据证明自己不构成犯罪要件，也属于积极行使辩护权，不会因此承担证明自己无罪的责任。二是承担举证责任的方式不同。控方应当就其犯罪主张承担先行举证责任和说服责任，而辩方对抗辩主张一般只承担行为责任，只有法律明确规定的少数例外情况下才可以要求其承担说服责任。三是要求主张者达到的证明程度不同。控方对犯罪事实每一构成要素的证明都应达到"排除合理怀疑"或者"内心确信"。

实际上，现代刑事诉讼的基本原则之一就是保障控辩双方的诉讼地位平等，但毋庸置疑，被告人的证明能力在诉讼中一直处于弱势地位，出于诉讼公正考虑，应当注重保护被告人的权利，尽量实现控辩双方证明能力的均衡。当然，虽然被告人的举证能力和条件普遍低于控诉机关，但正是诉讼地位平等的法律原则促进了保障被告人合法权益的相关制度设置，如不得强迫自证其罪、律师帮助权的保障等。在此前提下，合理分配双方当事人的举证责任，使控辩双方承受的败诉风险与其诉讼主体地位和举证能力大体均衡，无疑是公正和必要的，既有利于司法机关实现控诉职能，保障诉讼任务的完成，也有利于维护与保障被告人的合法权利，使其在诉讼中不致陷入艰难境地。

二、一般要求：举证责任主要由控诉方承担

在我国的刑事诉讼中，控方承担极其繁重的证明责任：包括几乎全部的提供证据的责任（行为责任）和所有的说服责任，其必须对证据的有效性、合法性和关联性进行充分论证，必须提出相当可靠的证据来证明待证事实，使证

---

① 参见樊崇义：《刑事诉讼法学》，中国政法大学出版社1998年版，第224页。

据链条丝丝入扣，以排除裁判者的合理怀疑。而被告人由于不承担说服责任，其提出的证据只要和案件事实存在一定关联即可，对该证据的反驳，要求控方提出更为充分的证据并竭力说服裁判者，否则就可能承担对己方极为不利的后果。正如国外著名学者 Cross 所认为的那样，在刑事诉讼中，检察官的举证责任是法律上的义务。此义务，在诉讼的自始至终都由检察官负担；至于被告人所负的责任仅仅是基于必要性或利益性而负提出证据的责任。提供证据的责任与令人信服的责任一样，都是不可转移的。①

举证责任主要由控方承担，通常表现为当庭举证，即公诉人在法庭上以证明起诉书指控的犯罪事实为目的，将有关的证明材料向法庭出示、宣读、播放，它是追究被告人刑事责任的前提和基础。尽管我国的刑事诉讼法历来强调必须依照法定程序，收集能够证实犯罪嫌疑人、被告人有罪或者无罪、犯罪情节轻重的各种证据。然而，基于指控犯罪的角色定位，公安机关要承担侦查职能，在立案侦查阶段收集审查证据以证实犯罪，检察机关也要承担控诉职能指控犯罪，并由此承担法院对于其所认定的犯罪不能成立的诉讼后果。所以，检察机关以及公安机关总是倾向于有罪证据，而不由自主地忽略或回避无罪证据，因而不能把控诉机关的举证责任与他们的职权割裂开来进行理解。在刑事诉讼中，公安机关、检察机关分别代表国家行使侦查权、检察权，所以他们必须收集证据，揭露犯罪，以确实充分的证据证实犯罪，这既是他们的权限，也是他们应尽的责任。同时国家赋予他们相应的职权，这就使其在刑事诉讼中为指控犯罪主张所依法承担的举证责任有了可靠的保障。

举证责任意义上的"主张"具有主观性、利益性的特点，是在实体上或程序效果上为自己争取权益或积极否定和削弱对方权益的事实主张——控诉方主张被告人有犯罪事实，被告人则提出无罪或罪轻的积极抗辩事实。判断一项事实是否有举证责任意义上的"主张"，不在于区分语言表达形式上属于肯定性还是否定性，而在于根据理性原则对消极事实和积极事实在举证责任领域重新作一个划分，二者在逻辑上的重大区别在于，得出消极事实要求证明一系列命题，而得出积极事实只需要证明一个命题。比如，要否定世上有黑天鹅需要证明每一只天鹅都不是黑的；而认定世上有黑天鹅则只需要找到一只黑天鹅。在刑事诉讼中，对控诉方而言，消极事实是大部分人不是犯罪人，积极事实是某个特定人是犯罪人；对辩护方而言，证明的必要在于消极事实是控诉方已经证明了犯罪构成基本要件，积极事实是其行为具备阻却犯罪事由。因此，控诉方需要证明的"主张"是某个特定人的行为符合犯罪构成基本要件的事实，

① 参见陈朴生：《刑事证据法》，台湾三民书局 1995 年版，第 54 页。

而抗辩方需要证明的"主张"是行为具备某一阻却犯罪事由，例如正当防卫、受到强制、神智不清、合法授权等。

既然控方承担被告人有罪的举证责任，则控诉机关对于己方主张的控诉事实，应首先负有提出证据的责任，即使其成为争议之事实。具体表现为控方提交一定量的证据证明自己的控诉主张并达到法定的要求，使法庭认为有审理的必要。在控诉主张成为争议事实以后，控方对于主张事实要证明到法定程度，即说服法官信以为真；如果控方对于主张事实不能说服法官，控方则要承担主张事实不能成立的后果。亦即，控方对于主张事实不仅负有提供证据的责任或主观的举证责任，而且还要承担说服责任。要求控方就其主张的事实承担举证责任，从根本上是为了正确实现国家刑罚权的同时，避免国家权力机关任意将公民陷入刑事诉讼，使其人身、财产等权益遭受损失。控方负举证责任在实践中体现为：一是对公安机关等侦查部门的侦查结果及移送的相关证据来源从法律和事实的角度进行仔细的审查，确定案件事实，对案件的性质进行认定，以决定是否起诉。二是仔细研究案件的相关证据来源，并使之构成一个逻辑严密、合理合法的证明过程，在法庭上通过法庭调查展示证据来源，以令人信服的证据和事实论证被告人的犯罪行为，最终达到惩罚犯罪的目的。而公安机关通过侦查为检察院履行控诉职能提供必要的准备，但侦查本身不是一种可以独立于控诉职能而存在的职能，其着眼点是保证证据的确实、可靠、充分，为检察机关的公诉活动打下坚实的基础。

实际上，我国的犯罪构成体系与职权式诉讼模式相结合，使得我国无法像英美法系与大陆法系国家那样通过犯罪论体系内部各要件之间的推定机制来分配举证责任，从而导致控方对犯罪论体系的所有组成部分都要承担相应的举证责任。归根到底，控方须对犯罪本体要件承担举证责任。犯罪本体要件事实是将犯罪构成四要件加以整合，对行为是否符合刑法分则规定的具体犯罪特征进行判断。控方应证明以下事实：行为、对象、结果、因果关系、犯意、目的、动机、刑事责任年龄、刑事责任能力、身份等。原有四要件中的犯罪客体无需进行证明，因为犯罪客体隐藏在其他要件背后且处于这些要件的层次之上，无法直接通过观察而只能通过思维来间接把握，因此在司法实践中，如果其他要件具备，就达到了对犯罪客体的认定，不需要专门证明犯罪客体。① 控方的证明应达到"事实清楚、证据确实充分"的程度，完成这一证明标准的，即可推定行为具有违法性和有责性。

---

① 参见夏勇：《定罪犯罪构成与设罪犯罪构成》，载《中国刑事法杂志》2002 年第 5 期。

当然，在我国刑法中，也存在减轻控方举证责任的情况，如关于抽象危险犯的规定。我国刑法对危险犯作了较多规定，除对以危险方法危害公共安全的犯罪规定了危险犯以外，暴力危及飞行安全罪，非法出租、出借枪支罪，非法携带枪支、弹药、管制刀具罪，生产、销售有毒有害食品罪，妨害传染病防治罪等都属于危险犯的规定。在这些规定中，有的属于具体危险犯，有的属于抽象危险犯。抽象危险犯具体是指行为本身包含了侵害法益的可能性而被禁止的情形。抽象危险不属于构成要件，只是认定行为可罚的实质违法根据，是立法上"假定的危险"，其危险及其程度是立法者的判断，控方只要证明危险不是想象的或臆断的，往往就可以促使法官认定危险的存在。这就说明，对于危险犯的证明和对于实害犯的证明并不相同。对于实害犯，控方必须证明行为的现实损害，但是，对于危险犯尤其是抽象危险犯，只需要控方结合其他相关证据进行判断，然后说服法官相信自己的判断，主张行为所造成的危险和立法上的假定相符合就可以了。所以，对于抽象危险犯这种立法者推定的危险，就不需要控方像对付传统的实害犯那样开展繁琐的举证工作，在很多情况下，控方甚至只需要告诉法官自己的直觉即为已足。①

三、例外规定：被告人对特殊情形承担必要的举证责任

一般来说，在刑事诉讼中，被告人不承担举证责任，即被告人没有提出证据证明自己无罪的义务，更不可以因为被告人没有证明自己无罪而推定其有罪。同时，被告人依法享有为自己辩护的权利，而非负担义务。被告人可以针对指控提出无罪、罪轻的主张并加以证明，也可以放弃这种权利。从结果意义上看，即使辩护方不能提供确实、充分的证据证实自己的主张，也不必然导致有罪的结果。被告方提出证据的责任与控方的所负举证责任在性质上完全不同。控方为了实现求刑权，故举证责任是法定的，而被告受无罪推定原则的保护，且在诉讼中处于天然的弱势地位，法律不应也不可能强求其对控方的主张或案件事实负完整全面的举证责任。

从世界各国在举证责任分配上的立法与实践来看，被告人不承担举证责任只是一项概括性的原则，在法律规定的例外情况下，被告人仍要对特定事项尤其是证明其无罪的事项承担局部的举证责任。然而，此例外应严格限制而不能轻易使被告负担举证责任，否则，将造成"被告之所以被判有罪，乃因为其

---

① 参见高忠智：《美国证据法新解——相关性证据及其排除规则》，法律出版社 2004 年版，第 18 页。

举证技术拙劣，而非事实上有罪"的不合理局面，而严重违反审判之公平公正。简言之，必须从整个法秩序观出发，须有相当强的理由，始得使被告负担举证责任。① 在英美法系国家，根据无罪推定原则，只有在仅有的几种情形下，被告人才应负令人信服的证明责任。控诉方所提供的证据必须达到使法官和陪审团不存在任何合理疑点的程度，才能解除举证责任；而对被告方所提供证据的要求较低，只要所证明的事实的盖然性与对方相等即可，不需要达到不存在合理疑点的程度。② 这就是说，被告人不负证明自己有罪的责任这一点是绝对的、无条件的，而被告人不负证明自己无罪的责任这一点却是相对的、有条件的。事实上，在坚持控方对被告人有罪的要件事实进行证明的基础上，要求被告方对一部分由其证明更为合理、便宜的无罪、罪轻的事实也承担举证责任，不仅不会损害对被告人权利保护的力度，而且有利于查清案件事实，提高诉讼效率。

基于以上考虑，在我国刑事诉讼中，被告人应当对以下事实承担举证责任：一是被告人主张无刑事责任能力的事实，如行为时未达到法定的刑事责任年龄、精神不正常等，应当承担说服责任，并达到优势证明程度。二是被告人主张行为具有合法性或正当性的事实，如行为是正当防卫、紧急避险、意外事件；有合法授权，持有执照、批件或其他正当理由等，被告人对于其独知的事实应承担说服责任，对其他事实至少承担初始行为责任。三是被告人主张影响刑罚的事实，如被害人有过错、被告人防卫过当、自首、立功、审判时系孕妇不能判处死刑、被告人患有传染疾病不宜判处监禁刑等，被告人对此应承担初始行为责任。

结合刑法的相关规定，可以认为，被告人承担举证责任主要有以下两种情形：

一是举证责任转移。当与争议事实有关的证据材料完全处于一方当事人的控制之下时，由对方当事人来承担举证责任显然是不合理的，这就需要举证责任倒置或转移。③ 在举证责任转移的场合，提出证据的责任首先由控方承担，但被告人进行辩护时，举证责任转移到被告人一方。举证责任转移的情况，主要包括违法阻却事由和免责事由两种情况。违法阻却事由包括正当防卫、紧急避险、被害人承诺等情况。在这些场合，行为表面上符合构成要件，但由于需要保护的法益不存在，或者行为的法益侵害性较小，刑事违法性不存在。免责事由包括未成年、精神病等情形，被告人不满 14 周岁的，不负刑事责任；已

---

① 参见黄东熊：《刑事诉讼法论》，三民书局 1990 年版，第 377 页。

② 参见王以真：《外国刑事诉讼法学》，北京大学出版社 1989 年版，第 163～164 页。

③ 参见龙宗智：《相对合理主义》，中国政法大学出版社 1999 年版，第 471 页。

满 14 周岁不满 16 周岁的，对特定八种危害行为之外的行为不负刑事责任；精神病人在不能辨认、不能控制自己的行为性质时实施的危害行为，不负刑事责任。因此，违法阻却事由和免责事由都是被告人进行无罪辩护的理由。在免责的场合，行为客观上具有违法性，只是由于特殊原因不能追究刑事责任，被告人一方应当承担较大的举证责任。正当防卫、紧急避险等违法阻却事由客观上不存在法益侵害性，在有的场合还有利于社会，属于合法行为，从性质上看是法律并不反对的行为，所以，被告人通常承担较小的举证责任。当然，也有学者认为，在违法阻却的情形中，行为人能够认识自己行为的性质，因此应当承担较大的证明责任。① 此外，对于意外事件、不可抗力，也要求被告人承担较大的举证责任。

二是举证责任倒置。举证责任倒置则属于另外的情形：控方只要履行了程度并不特别高的举证责任和说服责任，证明责任就全部转移给被告人，即被告人要承担程度较高的举证责任，同时要例外地承担说服责任。② 在刑法的相关罪状设置上，的确存在举证责任倒置的情形，巨额财产来源不明罪即属此类。巨额财产来源不明罪在客观方面表现为行为人的财产或者支出明显超过合法收入，差额巨大，在有关机关要求行为人说明来源时，行为人不能说明其合法来源的行为。一般认为，这是对举证责任和说服责任的例外规定，属于举证责任倒置，因为行为人拥有巨额财产，一旦本人说明了其合法来源的，就不能认定为犯罪；如果说明了其非法来源，并查证属实的，就按其行为性质认定犯罪，不能认定为本罪。将本罪作为举证责任倒置的情况看待，应当说是有道理的。控方欲证明被告人犯罪，必须提出其拥有巨额财产的相关证据，而被告人一方负有"说明其来源是合法的"义务，这里的说明义务本身就属于一种独立的诉讼主张，被告人应该对财产来源合法性的辩解提供充足的证据加以证明，然后再由控方提出充足的证据证明其说明不实，控方无需证明该财产的确实来源。这种由推定财产来源不合法所确立的举证责任倒置，是基于应对国家工作人员职务犯罪的特殊需要，是在对这类犯罪确实难以证实的情况下权衡利弊做出的合理选择。

结语

综上所述，刑法与刑事诉讼法作为实体与程序相伴相生的一对法律，总是

---

① 参见储槐植：《美国刑法》，北京大学出版社 2005 年版，第 65 页。
② 参见易延友：《刑事诉讼法》，法律出版社 2004 年版，第 272 页。

先有犯罪构成和刑事责任等实体性规定，再依据一定的程序操作规范在司法实践中得到合理实现。因此，程序法在制定或修正时，必然应当兼顾实体法的精神实质和具体规定，而在两者之间进行必要的协调。基于这种分析，笔者认为新刑诉法在举证责任的分配规定上面，还做得稍显不够，可以将现有的规定作为该条文的第 1 款，而补充规定第 2 款作为例外，明确应由被告方承担举证责任的情形，以增强司法实践的操作性。

需要指出的是，1997 年刑法自颁布以来已推出了 8 个修正案，而刑诉法在2012 年修订之前却未作修改，仅仅是通过 "六部委"、最高人民法院和最高人民检察院的解释对一些缺漏进行补正。这其实反映了我国在刑事实体法改革上投入的资源及精力相对于刑事程序法而言更多，后者的改革似乎是一种附属性的。我国台湾学者考察了德国刑事立法的历史得出结论，德国每年在刑事程序法及刑事实体法所修正之条文数目的曲线，虽然不是完全对称，但原则是直接呈现两者之间的互动。① "他山之石，可以攻玉。" 在我国，虽然刑法典与刑事诉讼法典分别立法，但法典在修改时应当密切协调，注重系统性配合，保持一种跟进的步伐与态势，以防止相互之间衔接不畅，而导致冲突发生。

---

① 参见葛祥林：《德国刑事诉讼法变迁及其在整体刑法之定位》，载《玄奘法律学报》2005 年第 3 期。

死缓限制减刑案件的裁判思路初探

赵晓荣[*]

死缓限制减刑是《刑法修正案（八）》新增的规定，旨在对严重侵犯生命安全、公共安全以及有组织的暴力犯罪、累犯给予更加严厉的惩处，避免因多次减刑造成刑期过短而影响对罪犯的改造和矫治，从而更好地实现特殊预防的目的。笔者注意到，各地各级法院在适用这一新设条款时的理解并不一致，裁判思路各有差别，影响到法律适用的统一。本文以各地法院的 17 则首例限制减刑案件为样本，[①] 结合 S 省 S 市法院的实践，归纳和分析死缓限制减刑案件裁判思路的历程、差异，尝试为统一死缓限制减刑裁判提出初步的评价标准。

一、裁判思路历程：[②] 如何从死刑、死缓到限制减刑

法官判处被告人死缓限制减刑的思路历程，主要有以下几种：

---

* 江苏省无锡市开发区人民检察院助理检察员。

① 包括山东省王志某故意杀人、威海臧现某故意杀人、北京阎建某故意伤害罪（致 2 人死亡）、广东刘世某故意伤害罪、中山李卫某故意杀人罪、杭州冯某故意杀人罪、重庆钟云某故意杀人罪、上海蒋某故意杀人罪、南京王某故意杀人罪、安徽王彪某故意伤害案致人死亡、山西高跃某故意杀人罪、海南王蔚某故意杀人及非法持有枪支罪、吉林张海某抢劫、盗窃、强奸（入户抢劫、致人重伤）、株洲刘志某故意杀人（婚姻、手段残忍、自首）、长沙吕某某故意杀人罪、西安蔡某某等贩卖毒品案、遂宁杨某故意杀人共 17 则。其中故意杀人 12 例，故意伤害 3 例，贩卖毒品 1 例，抢劫等 1 例（包括撤销限制减刑 1 例，最高人民法院指导性案例 1 例）。案件来源中国审判法律应用支持系统、网络媒体报道等。本文中的限制减刑与死缓限制减刑的含义相同，死缓与死刑缓期执行的含义相同。

② 本文中的裁判思路，包括裁判的路径和裁判的理由两个方面。

（一）由轻到重，简单化的少杀慎杀

有部分法官将刑罚从轻到重层层递进排列，把死缓作为死刑量刑的必要环节。在衡量被告人的刑罚时，首先考虑被告人是否应该被判处无期，其次是死缓，再次是死缓限制减刑，最后才是死刑立即执行。在这个一步一步从轻到重的裁量过程中，当他们认为根据被告人的主观恶性、犯罪情节等与某刑罚相适应时，就马上停下衡量的脚步，被告人所应判处刑罚随之被确定。该裁判思路的具体历程如图一所示：

图一

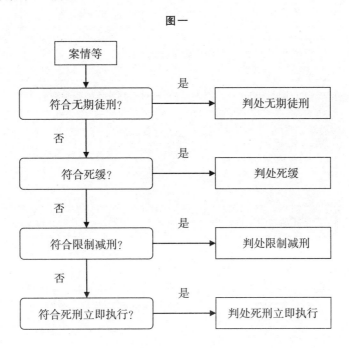

（二）由重到轻，针对恶性案件

在故意杀人致人死亡等案件中，由于刑罚是从重到轻排列，一般是先考虑适用死刑立即执行，再考虑适用死缓限制减刑（或死缓），最后才考虑适用死缓（或死缓限制减刑）；另外，对于一些社会危害极大的恶性案件，也采用这样的裁判思路。该裁判思路的具体历程如图二、图三所示：

图二

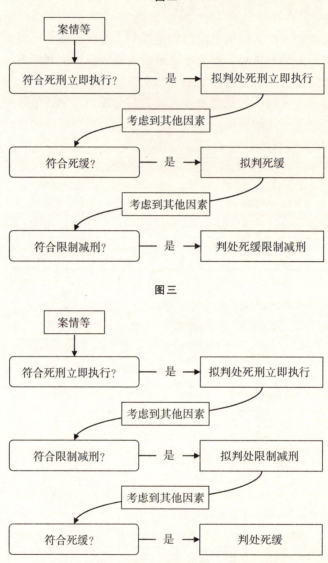

图三

案例一：广东首例死缓限制减刑——刘世某故意伤害案

简要案情：2010 年 4 月 7 日晚，刘世某与郑某等（另案处理）乘坐黄某某（另案处理）驾驶的摩托车途经广州番禺区石碁镇某路段时，恰逢被害人郑某某的三轮摩托车在其前方行驶。刘世某等人企图超越三轮摩托车，但未果。后刘世某等人在摩托车终于超过了三轮摩托车时，与郑某某发生口角，继而发生打斗。刘世某和黄某某在附近一商店内购买了两把菜刀后，一同追砍郑某某，砍伤郑某某的肩背部、腰腹部及大腿，致郑某某伤重死亡。案发后，刘世某逃离现场。2010 年 5 月 10 日，刘世某在四川省泸州市被公安人员抓获。①

该案的承办人就采取这样的裁判思路：首先说明被告人为什么被判处死刑立即执行，然后阐释为什么可不立即执行，最后分析为什么可以适用限制减刑。其具体的裁判思路历程如图四所示：

图四：刘世某故意伤害案

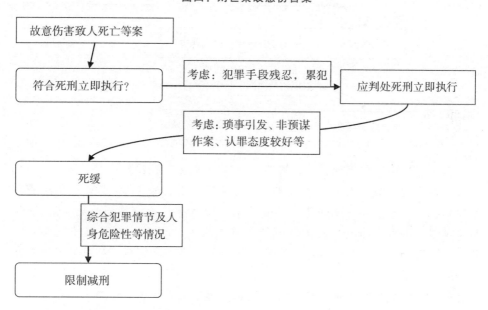

（三）从死刑出发，② 选择执行方式

与从死刑立即执行开始的裁判思路不同，该种裁判思路历程是根据案情从死刑出发，再综合考虑各种情节，衡量是判立即执行还是判死缓，如果判决死缓，再考虑是否限制减刑。其具体的裁判思路如图五所示：

---

① 参见邓新建：《广东作出全省首例限制减刑判决》，载法制网 http：//www. legaldaily. com. cn/index/content/2011 – 06/08/content_ 2728577. htm？ node = 20908，访问日期：2012 年 7 月 1 日。

② 在司法实践中，死刑立即执行和死缓被当作两个刑种，且死刑立即执行和死缓生死两重天，所以在裁判中将被告人判处死刑或死刑立即执行的意义是不同的。

图五

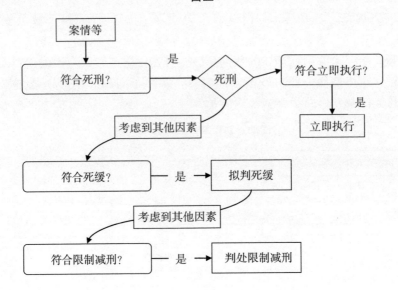

案例二：山东首例死缓限制减刑——王志某故意杀人案①

简要案情：被告人王志某与被害人赵某某（女，殁年 26 岁）在山东省潍坊市科技职业学院同学期间建立恋爱关系。2005 年，王志某毕业后参加工作，赵某某考入山东省曲阜师范大学继续专升本学习。2007 年赵某某毕业参加工作后，王志某与赵某某商议结婚事宜，因赵某某家人不同意，赵某某多次提出分手，但在王志某的坚持下二人继续保持联系。2008 年 10 月 9 日中午，王志某在赵某某的集体宿舍再次谈及婚恋问题，因赵某某明确表示二人不可能在一起，王志某感到绝望，愤而产生杀死赵某某然后自杀的念头，即持赵某某宿舍内的一把单刃尖刀，朝赵的颈部、胸腹部、背部连续捅刺，致其失血性休克死亡。2008 年 10 月 10 日 8 时 30 分许，王志某服农药自杀未遂，被公安机关抓获归案。王志某平时表现较好，归案后如实供述自己罪行，并与其亲属积极赔偿，但未与被害人亲属达成赔偿协议。

该案的承办人就采取这样的裁判思路：首先说明被告人为什么被判处死刑立即执行，其次阐释为什么可不立即执行，最后分析为什么可以适用限制减刑。其具体的裁判思路历程如图六所示：

---

① 参见：最高人民法院指导案例 4 号，2011 年 12 月 20 日发布。

图六：王志某故意杀人案

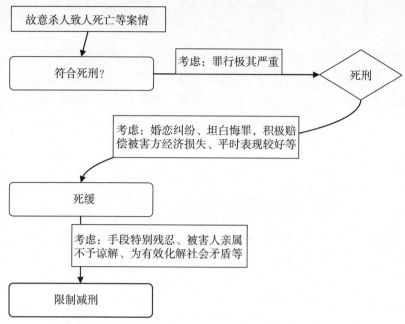

（四）用"严惩"来代替死刑或死刑立即执行的表述

由于一些案件的量刑理由用语论述不详，使用"严惩"等词语，故无法判断是先判定死刑还是死刑立即执行，如图七所示：

图七

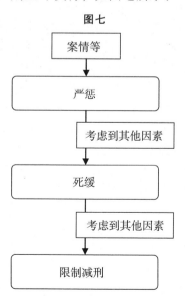

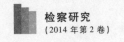

案例三：上海首例死缓限制减刑——蒋某故意杀人案

简要案情：蒋某是上海市一名出租车驾驶员，2010 年 8 月底，欲赴外地出差赶往长途汽车站的赵某某搭乘蒋某驾驶的出租车。上车后，赵某某与蒋某因行驶线路等事由发生矛盾。一怒之下，蒋某操起车内备用的螺丝刀对赵头部戳刺十余下，还用手扼赵颈部，致赵机械性窒息合并颅脑损伤而死亡。当晚，蒋某驾车至上海市金山区朱泾镇金张公路附近将被害人尸体抛入河中，并将作案工具螺丝刀及赵随身携带的物品陆续丢弃。①

该案具体的裁判思路历程如图八所示：

图八：蒋某故意杀人案

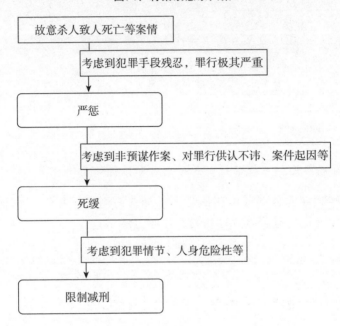

（五）根据案情和经验等"精确制导"

有部分法官，往往根据自己或其他法官的已判类似案件，加上自己的经验和感觉，结合案件的具体案情，精确制导，直接在死缓、限制减刑和死刑立即执行之中判定。据笔者观察，非刑事审判人员多持此种思路。其具体的裁判思路历程如图九所示：

---

① 参见《"的哥"杀害乘客被判死缓同时被宣告限制减刑》，载《人民法院报》2011年 5 月 5 日。

图九

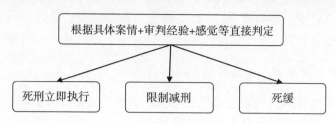

（六）剥蒜式的裁判

在实践中，也有部分法官把死缓简单化地作为一个刑种，由于从死刑、死缓到限制减刑的适用范围和条件在逐渐缩小，其具体的裁判思路历程就是把不适用的条件一层一层的剥离开，直至找到合适的刑罚，类似于剥蒜。其具体的裁判思路历程如图十所示：

图十

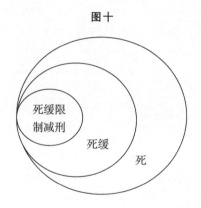

二、裁判思路差异：情节①如何支撑限制减刑

裁判思路差异，主要指法官在案件处理过程中选择的裁判路径和阐述的量刑理由两方面的差异。各地法院在限制减刑的裁判思路历程方面的差异前文已作分析，不再赘述；在限制减刑量刑理由方面的差异主要指在用哪些情节来支撑限制减刑，以及能否对支撑情节重复考量两方面的差异。

---

① 《刑法修正案（八）》将"犯罪情节"作为限制减刑的考量因素，而《限制减刑的规定》用"犯罪情节"、"人身危险性"来考量限制减刑，之间有一些差异。笔者认为量刑情节反映罪行轻重和人身危险程度，包含犯罪情节和对人身危险性的评价，故本文用量刑情节代替犯罪情节和人身危险性等因素作为限制减刑的考量因素。

按照《刑法修正案（八）》和最高人民法院《关于死刑缓期执行限制减刑案件审理程序若干问题的规定》（以下简称《限制减刑的规定》）的相关规定，应该根据犯罪情节①、人身危险性等情况来考虑是否对被告人限制减刑。

（一）哪些情节可用来支撑限制减刑的差异

在阐释哪些情节可用来支撑限制减刑，即被告人为什么被判处死缓限制减刑的理由时，主要有以下几种裁判思路和方式：②

1. 笼统说考量犯罪情节和人身危险性。如广东刘世某故意伤害案（具体案情参见"案例一：广东首例死缓限制减刑——刘世某故意伤害案"）该案的承办人叙理认为：综合被告人刘世某的犯罪情节及人身危险性等情况，故依法对其限制减刑。如图十一所示：

图十一：刘世某故意伤害案

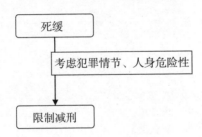

2. 综合考量犯罪后果和社会危害性等因素。如长沙吕某某故意杀人案。

案例四：长沙首例死缓限制减刑——吕某某故意杀人案③

简要案情：2010 年 9 月 12 日凌晨零时许，吕某某吸食毒品"K 粉"后乘坐的士返回长沙市芙蓉区文运街住处。10 分钟后，他下车经过住处楼下夜宵摊，对正在吃夜宵的被害人黄某某产生不满情绪，遂抽出随身携带的匕首，朝

_____

① 犯罪情节的含义有多种。一种观点认为犯罪情节包括定罪情节和量刑情节，量刑情节包括对行为人的人身危险性的考量；一种观点认为量刑情节包括犯罪情节和人身危险性，犯罪情节与人身危险性有区别。《刑法修正案（八）》和《限制减刑的规定》对于限制减刑的适用条件规定不一致，可能是对犯罪情节和人身危险性的含义存在分歧，《刑法修正案（八）》可能认为犯罪情节包含人身危险性。

② 在阐释为什么对被告人限制减刑的理由时，承办人往往会在明确写的种种考量因素的最后加一个"等"字。笔者认为在某些案件中确实存在一些不能言明的裁判缘由，但是在大多数判决中，这个"等"前面的考量因素应该是承办人考量为什么判处被告人死缓限制减刑的最主要和最重要的理由。

③ 参见〔2011〕长中刑一初字第 0029 号刑事附带民事判决书。

黄的颈部和背部捅刺，黄某某被刺后起身跑往文运街巷内，吕某某则持匕首继续追赶上黄某某，并朝其背部捅刺数刀后返回家中。经鉴定：黄某某系他人持单刃锐器作用于全身，导致多处裂伤，引起呼吸循环衰竭而死亡。2010 年 9 月 12 日凌晨 45 分，吕某某在母亲的陪同下投案。

该承办人叙理认为：吕某某吸毒后追杀无辜他人，犯罪后果特别严重，社会危害性极大，对其应限制减刑。如图十二所示：

图十二：吕某某故意杀人案

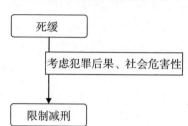

3. 细化具体考量情节。如王志某故意杀人案（具体案情参见"案例二：山东首例死缓限制减刑——王志某故意杀人案"）。

该案承办人叙理认为：考虑到王志某故意杀人手段特别残忍，被害人亲属不予谅解，要求依法从严惩处，为有效化解社会矛盾……如图十三所示：

图十三：王志某故意杀人案

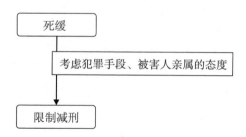

4. 综合考量犯罪情节、人身危险性和社会危险性。如吉林张海某抢劫、盗窃、强奸案。

案例五：吉林首例限制减刑——张海某抢劫、盗窃、强奸案①

简要案情：被告人张海某于 2009 年春节后至 2010 年 5 月期间，抢劫 8

---

① 参见《吉林长春宣判全省首例死缓并限制减刑案》，载正义网 http：//news. jcrb. com/jxsw/201105/t20110517_ 543566.html，访问日期：2012 年 7 月 1 日。

起，其中入户抢劫 6 起，抢得款物合计人民币 1.1 万余元，抢劫中致 1 人重伤；强奸妇女 5 人；盗窃 2 起，盗得款物合计人民币 2236 元。如图十四所示：

图十四：张海某抢劫、盗窃、强奸案

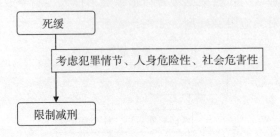

（二）能否对支撑情节重复考量的差异

已经用于支撑死刑（死缓）的情节，能否再次用来支撑对被告人限制减刑？

由于对被告人判处死缓和决定限制减刑，在量刑情节（犯罪情节）上绝大部分是重合的，在考量死缓限制减刑的量刑情节时，有两种做法：一是重复评价，在考量死刑时的量刑情节，在衡量限制减刑时再次考虑；二是不重复评价，"对实施故意杀人等七种犯罪被判处死刑缓期执行被告人是否限制减刑，关键看在判处死缓之后，其犯罪情节和量刑情节是否还足以支撑宣告缓刑。或者说，对被告人判处死缓和决定限制减刑，在犯罪情节和量刑情节上绝大部分是重合的，当判处死缓后，这些情节还有剩余，足以支撑再对其限制减刑的，才可以决定限制减刑。"①

1. 量刑情节重复考量。将量刑情节做重复评价的如王志某故意杀人案，在该案中"手段特别残忍"这个情节在判定死刑和在限制减刑时均是重要考量因素。② 如图十五所示：

---

① 张军等主编：《〈刑法修正案（八）〉条文及配套司法解释理解与适用》，人民法院出版社 2011 年版，第 41 页。

② "手段特别残忍"放在为什么要限制减刑的量刑理由中的最前面，可以看作是重要。

图十五：王志某故意杀人案（重复考量）

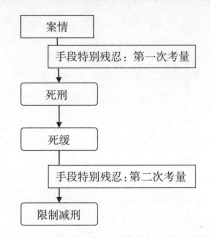

2. 量刑情节未重复考量。量刑情节未做重复评价的如南京王某故意杀人罪。

案例六：江苏南京首例死缓限制减刑——王某故意杀人罪[①]

简要案情：被告人王某自 2009 年 6 月与严某花离婚后，多次到严住处滋事，抢砸财物，索要钱财，并威胁欲加害严。2010 年 11 月 30 日 7 时许，王某携裁布剪刀再次前往溧水县永阳镇严某花家中寻衅，严某花闻讯后因惧怕王某，遂找其弟严某勇陪其回家。当严氏姐弟返家时，双方发生口角，王某持剪刀猛捅严某勇左胸部数刀，致严某勇当场死亡。经法医鉴定：严某勇系遭有刃锐器刺戳左胸部致心肺及肺动脉破裂引起心包填塞合并失血而死亡。

该案承办人判决叙理如下：（1）死刑的支撑情节：被告人王某的犯罪行为致人死亡，罪行极其严重，论罪当处死刑；（2）死缓的支撑情节：但鉴于本案系婚姻、家庭矛盾所引发，故对王某判处死刑缓期 2 年执行；（3）限制减刑的支撑情节：又鉴于王某曾因盗窃罪 2 次被科以刑罚，且对本案被害人亲属的经济损失未充分赔偿，并未取得被害人亲属的谅解，故依法对其限制减刑。如图十六所示：

---

① 参见《南京首例限制减刑案件宣判》，载《人民法院报》2011 年 6 月 9 日。

图十六：王某故意杀人案（未重复考量）

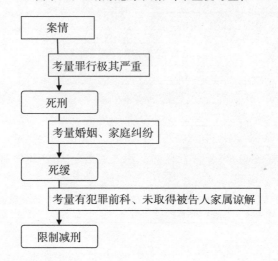

当然，仅从裁决的叙理上，很可能无法从实质上判断裁判者在内心中是否做了重复评价，如在王志某故意杀人案中，"手段特别残忍"是适用死刑的考量因素，也许，手段特别残忍情节在和被告人具有坦白悔罪、积极赔偿等从轻处罚情节进行影响力比较衡量后，裁判者认为"手段特别残忍"影响很大，在判处死缓时还有剩余，所以让其在限制减刑时还要起一定作用。

综上，第一，对于哪些情节可以支撑限制减刑，有的法院严格按照法律规定的犯罪情节、人身危险性来叙理，有的法院还考虑了社会危害、犯罪后果等，尽管社会危害、犯罪后果与犯罪情节、人身危险性有部分重合，但是也可看出各地法院对于哪些情节能左右限制减刑存在认识上的分歧；第二，在考量情节是否可以重复评价问题上，各地法院做法不一，有的重复评价，有的部分重复评价，有的未重复评价。

（三）思路差异的原因和影响分析

死刑、死缓及限制减刑的考量因素存在重合导致了各地法院对于哪些情节可以支撑限制减刑和已经用于支撑死刑（死缓）的情节，能否再用来支撑限制减刑等问题的裁判思路和方法不统一。①

法律规定，死缓和死刑立即执行的适用对象都是应当判处死刑的犯罪分

---

① 参见肖中华：《我国死缓制度的司法适用及相关立法评析》，载《法律科学》1999年第 6 期。

子，而死缓"不是必须立即执行"，但是我国现行刑法和司法解释对于"必须立即执行"没有明确规定。一般认为，死刑和死缓均是综合考量社会危害程度、被告人的人身危险性、主观恶性后得出的裁量，[①] 死缓多考量了证据、政治、外交方面的因素；[②] 限制减刑综合考量人身危险性、犯罪情节。但是由于罪行的社会危害程度、被告人的主观恶性及人身危险性，大部分也是通过量刑情节（犯罪情节）来反映，两者是被反映和反映的关系，是事物的两面，这就使得死刑、死缓、限制减刑的考量因素存在很大部分的重合。

死刑、死缓和限制减刑的考量因素的重合，带来了重合的情节多次或重复评价的问题，从而让裁判者在大多数案件中可以选择任意裁判思路，任意地决定哪些情节可以支撑限制减刑，任意地决定已经用于支撑死刑（死缓）的情节，能否再用来支撑限制减刑等，造成了死缓限制减刑适用的不确定性。

以 S 省 S 市法院为例，在审委会上，在评议对被告人是否限制减刑时，争议前所未有的多，部分委员坚持死缓案件大比例地适用限制减刑。在该院，报送审委会评议的案件先由分管副院长把关，在审委会讨论死刑包括死缓案件时，大多数情况下，委员们几乎都是一致同意合议庭的倾向性意见；而在对死缓是否适用限制减刑问题上，未适用限制减刑的案件，几乎都是在审委会上勉强以 2/3 多数通过。

根据笔者在 S 省 S 市法院审委会上的观察：第一，对于故意杀人等社会危害极大、恶性案件中拟判死缓的被告人，持有"由重到轻"裁判思路的部分委员往往认为还应对其限制减刑，他们认为由于在适用死缓时，已经考量了从轻情节，故在是否适用限制减刑问题上，应该把注意力放在从严情节上面，而被拟判死缓的被告人有无可置疑的从严因素，所以对该类死缓案件的被告人适用限制减刑似乎理由充足。第二，选择"由轻到重"裁判思路的委员，在死缓限制减刑问题上比较慎重。第三，根据案情和经验"精确制导"的委员，则是根据具体情况自由地选择是否限制减刑。第四，认为考量情节可以重复评价的委员，相比较而言会减少对被告人适用限制减刑。第五，认为从宽和从严情节不能相互抵销的委员，就要看在具体案件中，他们是重点注意和考量被告人的从严情节还是从宽情节。

---

① 参见刘玉安、刘建军：《死刑适用标准探析——以实体法为视角》，载《法律适用》2010 年第 11 期。

② 参见陈华杰：《把握死刑适用标准的若干思考》，载《人民司法》2007 年第 1 期。

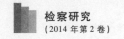

三、裁判思路求解：如何减少差异和随意性

为了减少裁判思路的差异和裁判者在选择裁判思路上的随意性，笔者建议：首先，对死刑立即执行、死缓和死缓限制减刑的考量因素重新解构，分离出三者不同的适用条件，进一步规范限制减刑的支撑情节，减少重合的因素。其次，对量刑情节不重复评价，采用改良的绝对抵销说来处理量刑情节的逆向竞合，避免量刑情节的多次、重复适用。最后，采用一种新的裁判思路来处理死缓限制减刑案件。

（一）方法一：规范限制减刑的支撑情节

如果将死刑的适用条件看作是"罪大恶极"，则"罪大恶极"可分为客观方面"罪大"和主观方面"恶极"，死刑立即执行和死缓之间的差异，要不是"罪大"方面的差异，要不就是"恶极"方面的差异。①

《全国法院维护农村稳定刑事审判工作座谈会纪要》规定："……对于被害人一方有明显过错或对矛盾激化负有直接责任，或者被告人有法定从轻处罚情节的，一般不应判处死刑立即执行。"根据《全国法院审理毒品犯罪案件工作座谈会纪要》规定，对在侦查中受到特情犯意引诱的被告人"应当从轻处罚，无论毒品犯罪数量多大，都不应判处死刑立即执行"。由此可以看出，最高人民法院在死缓问题上把握的标准，是"罪大而不恶极"。故死刑立即执行和死缓之间是"恶极"方面的差异。

同时，罪责刑相适应原则是量刑时首先要考虑的因素，必须把犯罪的社会危害性作为量刑的基础，确保量刑不会偏离大方向；刑罚个别化原则，则要求根据反映被告人的主观恶性和人身危险性的各种情节来考量。② 故，死刑立即执行和死缓之间的主要区别是：以"罪行极其严重"为基点，当行为人"恶极"即主观恶性极大、人身危险性极为深重时，适用死刑立即执行，当行为人"恶不极"即主观恶性不是极大、人身危险性不是极重时，适用死缓。另外，死缓多考量了证据、政治外交等方面的因素。同样，笔者也认为死缓与限制减刑方面的主要区别是：客观危害性大体相同，死缓相对于限制减刑，被告人的主观恶性和人身危险性相对较大。

综上，死刑立即执行、死缓和死缓限制减刑的考量因素区别如下：

死刑立即执行的适用条件是：客观危害、人身危险性、主观恶性均极大。

---

① 参见黎宏：《死刑缓期执行制度新解》，载《法商研究》2009 年第 4 期。
② 参见张明楷：《刑法学》，法律出版社 2007 年版，第 60 页。

死缓的适用条件是：客观危害极大，但是人身危险性、主观恶性相对而言比死刑立即执行小，综合考虑从宽和从严情节，从宽情节影响力大于从严情节（主要从人身危险性和主观恶性方面考量）。

死缓限制减刑的适用条件是：客观危害极大，但是人身危险性、主观恶性相对而言比死缓大，综合考虑从宽和从严情节，从严情节影响力大于从宽情节（主要是从人身危险性和主观恶性方面考量）。

死刑、死缓、限制减刑各自的适用条件如图十七所示：

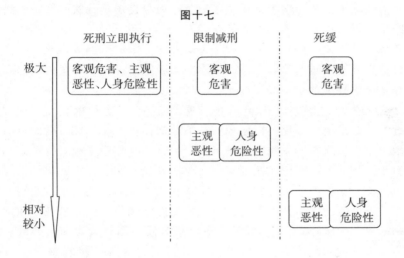

图十七

（二）方法二：改良处理竞合情节

一个案件中因为同时存在从宽和从严两种情形，才有死缓限制减刑的存在。案件中存在从宽和从严的情节，可称为量刑情节的逆向竞合，如何处理该竞合，是让从宽和从严的情节在考量中相互抵销，禁止重复评价，还是让从宽和从严情节在死刑、死缓、限制减刑过程中均各自发挥作用，抑或是只让从严情节在死刑、限制减刑过程中发挥作用……，不同的处理方式，导致是否限制减刑结果的差异。关于量刑情节的逆向竞合的处理，有几种观点：一是整体综合判断说，认为不能一对一地抵销从宽或从严情节，应该全面考虑案件的各种情节，通过综合分析来决定刑罚的轻重；二是绝对抵销说，认为可根据从宽和从严情节所表示的轻重系数进行折抵，如果各情节所表示的系数相等，则相抵销，如果不相等，则将两者相抵后剩余的部分作为适用结果；三是相对抵销说，认为只有在量刑情节的功能完全对应并且无明显的主从优劣之分时，才能抵销，如从重对从轻，加重对减轻等；四是抵销及排斥结合说，认为当冲突的两个情节与量刑轻重的系数对等时，两个冲突情节可相互抵销，非对等时，将两者相抵后剩余的部分作为适用结果；五是优势情节适用说，认为从宽从严情节

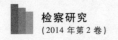

兼具时，应当情节优于可以情节，罪中情节优于罪前或罪后情节，应当的从宽情节优于应当的从严情节，法定量刑情节优于酌定量刑情节；六是分析综合判断说，认为从宽和从严情节并存时，应按照先从严后从宽的顺序考虑适用刑罚。①

整体综合判断说和分析综合判断说没有提供明确具体的判断标准，在司法实践中缺乏可操作性，且分析综合判断说将从严情节认定为主要情节，先从严后从宽，在有些案件未必能体现公正量刑，比如手段残忍的大义灭亲杀人案件，手段残忍和大义灭亲都是应同时考量的情节，不适宜先考量手段残忍，再考量大义灭亲。

一般情况下，法定情节优于酌定情节。但是在考量死缓时，是否赔偿、被害方的反应以及对社会的影响等酌定情节的重要性未必比一些法定情节要小，故优势情节适用说无法较好的适用于考量死缓、限制减刑等问题；同样，相对抵销说认为只能从重对从轻抵销、加重对减轻抵销，用在考量死缓、限制减刑时也存在一定程度的适用局限性。

笔者认为，一般案件的量刑情节竞合适宜采绝对抵销说，具体而言，一是通过给量刑情节赋值可以体现各种情节的作用大小，如一般而言应当从重的系数大于可以从重的系数；二是量刑规范化的操作中采绝对抵销说。

对于死刑、死缓、限制减刑案件，笔者赞成不重复评价，建议采用改良的绝对抵销说。首先，综合考虑案件的从宽和从严情节，决定是否适用死缓；其次，当被判处死缓之后，由于对被告人判处死缓和决定限制减刑，在量刑情节（犯罪情节）上绝大部分是重合的，所以这时候要衡量从宽和从严情节的各自影响力，将从宽和从严情节进行抵销，看其量刑情节（犯罪情节）的剩余部分是否还足以支撑宣告限制减刑；最后，还必须综合考虑被害方的反应、社会的影响等因素，才决定是否限制减刑。

（三）方法三：构想新的裁判思路

笔者建议，选择从死刑、死缓到限制减刑的裁判路径，原因在于：第一，1997 年《刑法》第 48 条规定死刑和死缓，死缓是在判处死刑的前提下适用，而《刑法修正案（八）》和《限制减刑的规定》中规定的限制减刑是对被判处死缓的被告人适用，故符合逻辑的考量顺序是从死刑、死缓到限制减刑；第二，实践中，大多数法官选择的也是该裁判思路历程。

具体的裁判思路如下：

第一步：综合考量所有情节。从客观危害、人身危险性及主观恶性等方面全面综合衡量，是否对被告人判处死刑。

---

① 参见彭新林：《论酌定量刑情节竞合时死刑的限制适用》，载《当代法学》2011 年第 6 期。

第二步：从人身危险性、主观恶性方面考量。如果被告人被拟判处死刑，则分离案件中的客观危害、人身危险性及主观恶性的因素。由于死刑立即执行、死缓及限制减刑三者在客观危害方面大体相同，故重点衡量行为人的人身危险性及主观恶性的大小和轻重：当行为人"恶极"即主观恶性极大、人身危险性极为深重时，判死刑立即执行；当行为人"恶不极"即主观恶性不是极大、人身危险性不是极重时，判死缓，同时还要考虑证据、政治外交等方面的因素对死缓裁判的影响。

第三步：用改良的绝对抵销说处理从宽和从严情节。如果被告人被拟判处死缓，则将案件中的量刑情节划分为从宽和从严两类，然后用改良的绝对抵销说处理从宽和从严情节，考量剩余情节是从宽还是从严。

第四步：综合考量剩余情节和其他情节。用改良的绝对抵销说处理后的剩余情节，结合被害方的反应、社会的影响等因素，最后再决定对被告人是否宣告限制减刑。

具体的裁判思路如图十八所示：

图十八

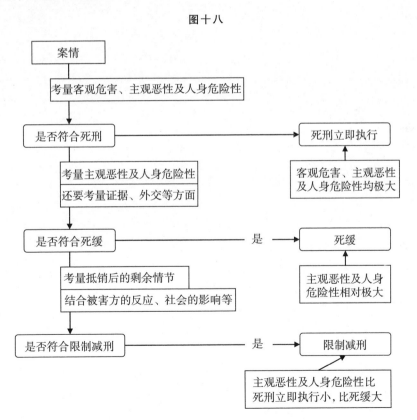

网络游戏"外挂"刑法定性之梳理与辨析

周朝阳[*]

近年来关于网络游戏"外挂"的刑法定性在理论和实践中有颇多争议。早期的《恶魔的幻影》"外挂"案和《QQ幻想助理》"外挂"案中，检方均认为制作并出售"外挂"构成侵犯著作权罪，但法院最终都认定为非法经营罪。2011年最高人民法院公报登载的董杰、陈珠宝非法经营案中法院认定利用"外挂"牟利构成非法经营罪，但随后有学者进行了强烈的批判。而2013年《龙之谷》"外挂"案中，[①] 法院转而又认定制售"外挂"构成侵犯著作权罪。同时还有学者认为网络游戏"外挂"应定性为破坏计算机信息系统罪。可见，理论和实践中对网络游戏"外挂"定性分歧很大。为正确适用法律判断"外挂"刑事责任，笔者进行一些辨析与梳理，以求为正确认识和规制网络游戏"外挂"提供思路。

一、网络游戏"外挂"之性质

在法律规范层面，目前尚无"外挂"确切定义，相关的解释仅见于2003年国务院新闻出版总署等单位发布的《关于开展对"私服"、"外挂"专项治理的通知》（以下简称《通知》）指出，"私服"、"外挂"违法行为是指未经许可或授权，破坏合法出版、他人享有著作权的互联网络游戏作品的技术保护措施、修改作品数据、私自架设服务器、制作游戏充值卡（点卡），运营或挂接运营合法出版、他人享有著作权的互联网络游戏作品，从而谋取利益、侵害

---

* 江苏省南京市雨花台区人民检察院知识产权检察科副科长。

① 案例详情分别参见陈兴良主编：《刑事法判解》2012年第12期；《最高人民法院公报》2011年第5期以及《中国知识产权报》2013年5月29日第11版。

他人利益。实践中，经常有司法机关援引该《通知》，认定"外挂"属于非法的互联网出版活动，但却常引起当事人争议，也备受专家学者批评。因为该规定仅是评判"外挂"为非法，但并没有明确"外挂"技术的问题，依据该规定并不能直接判断一个软件是否属于"外挂"。也曾有网络游戏开发商和运营商对"外挂"作过定义，认为"外挂程序是指独立于游戏软件之外的，能够在游戏运行的同时影响游戏操作的所有程序，包括但不限于模拟键盘鼠标操作、改变操作环境、修改数据等一切类型"。① 这是游戏开发商和经营商基于经济利益考虑，从主体角度扩大化地将所有非官方提供和允许使用的程序都认为是"外挂"，如在刑法中采用，必然造成打击面过宽。刑法所应打击的外挂应该是那些在计算机信息系统中运行，通过对网络游戏数据或应用程序进行复制、删除、修改、增加等操作，实现游戏作弊效果的程序。对于不属于此类型的程序，虽然可以俗称为"外挂"，但因未侵犯相关法益，不能以刑法规制。为进一步说明哪些"外挂"属于刑法打击范围，必须从技术层面对"外挂"运行机理进行分析。

（一）"外挂"的技术运作原理

从网络技术而言，目前网络游戏均是采用客户端—服务器端模式，服务器端由网络开发商或运营商控制，主要完成游戏规则控制、数据处理、相关道具以及玩家的游戏账号储存等；而客户端由玩家控制，玩家运行客户端程序，操作键盘和鼠标形成一定游戏数据信息。客户端形成数据通过网络上传至服务器端，由服务器端对数据进行处理，进而实现整个游戏的运行。为了保证游戏安全运行，数据的形成、传输和处理都是加密封包进行。而网络游戏"外挂"基本上是对客户端—服务器端的程序（数据）修改完成的，包括三种方式：第一，对客户端的程序（数据）进行修改；第二，对服务器端的程序（数据）进行修改；第三，对客户端和服务器端之间程序（数据）传输进行修改。"外挂"软件发生作用往往单独或复合通过上述三种方式实现。以第三种情形为例，譬如原先点击鼠标完成 1 次砍杀怪物动作，并形成相应砍杀 1 次的数据反馈至服务器，进行相应处理和存储。但运行"外挂"后，在客户端向服务器端传送封包数据时，截取该封包数据并修改为已经完成 100 次砍杀动作并提交给服务器，使服务器"认为"玩家进行了 100 次砍杀动作，结果是通过使用"外挂"，玩家可以实现游戏作弊的增效。

---

① 参见：盛大网络《〈彩虹岛〉最终用户使用许可协议》，载 http：//chd. sdo. com/web3/news/newsContent. asp？ ID＝92414&CategoryID＝313，访问日期：2013 年 11 月 26 日。

（二）"外挂"行为的侵权模式

通过以上原理，"外挂"可以造成以下侵权：首先，复制或修改游戏软件自身程序，会侵害游戏制作方知识产权；其次，侵入游戏软件运行系统并修改信息，会破坏游戏运营商计算机信息系统；最后，出售或批量使用"外挂"进行牟利，侵害网络游戏经营商的利益。①从法律适用角度而言，上述三种行为方式可能分别构成侵犯著作权罪、破坏计算机信息系统罪和非法经营罪。但这三种行为往往交织在一起，很难进行绝对的分辨或剥离，对司法实践提出很高要求。笔者就结合几起案例分析不同性质"外挂"技术原理以及在刑法定性上的不同体现。

二、"外挂"构成侵犯著作权罪的情形

《龙之谷》"外挂"案的被告人余某等人破译了《龙之谷》游戏的客户端程序及通讯协议，在此基础上利用从客户端程序复制的 1000 余个涉及地图、物品、怪物、触发事件等核心数据库文件及完全模拟的通讯协议文件，加入被告人制作的各类实现游戏自动操作功能的脚本程序，制作了能实现自动后台登录、自动动作操作等脱机型外挂软件。被告人将软件复制多份并招募他人利用该外挂软件登录大量游戏账号，"生产"《龙之谷》游戏金币，出售后牟利460 万余元。

本案涉及的外挂属于独立型（脱机）"外挂"。"外挂"依照是否依附于网络游戏同时运行，可以分为依附型"外挂"和独立型（脱机）"外挂"。依附型"外挂"，依附于网络游戏运营商提供的客户端，通过截获修改客户端数据，并发送给服务器端。而独立型"外挂"不需要网络游戏运营商提供的客户端，该"外挂"直接替代了网络运营商的客户端，可以脱离网络游戏运营商提供的客户端而直接运行，并产生增效数据发往运营商服务器端。

独立型（脱机）"外挂"是近年才出现的新型"外挂"，不同于传统的依附型"外挂"。从案例中，我们可以看出独立型（脱机）"外挂"，代替游戏运营商提供的客户端，必须要从运营商客户端程序复制大量的游戏地图、物品、怪物、触发事件等核心数据库文件、登录文件及完全模拟的通讯协议文件，否则难以实现独立型（脱机）"外挂"自运行。虽然为了实现"外挂"

---

① 参见岳平：《非法制售"外挂"的罪名考量》，载《上海法治报》2012 年 7 月 18日 B6 版。

的功能，制作人会加入其他脚本程序，但仅是局部的增删或修改。譬如在本案中，复制了 1000 余个涉及地图、物品、怪物、触发事件等核心数据库文件、登录文件及完全模拟的通讯协议文件，而后再部分加入制作人制作的脚本程序。本案"外挂"经检测与原游戏客户端文件目录结构相似度达 84.92%，文件相似度达 84.5%，已经构成实质性相似。本案"外挂"并未对著作权人的作品进行实质性改进，应属于侵犯著作权罪中的"复制"行为。将独立型"外挂"有别于以往依附型"外挂"符合本案"外挂"本质特征，以侵犯著作权罪定性符合罪刑一致原则。

三、"外挂"不构成侵犯著作权罪的情形

《恶魔的幻影》"外挂"案所涉及的《恶魔的幻影》经新闻出版总署批准引进。被告人谈某未经许可，组织他人破译《恶魔的幻影》，在游戏服务器端与客户端之间经过加密的用于通讯和数据交换的通讯协议基础上，研发出"007 传奇 3 外挂"。后谈某等人对外批发销售该外挂。谈某等人还另设立"超人外挂"等网站，研发"008 传奇 3 外挂"销售。谈某等人经营上述外挂共获取 281 万余元。

本案涉及的"外挂"为依附型"外挂"，不能脱离原游戏服务器运行。北京市海淀区人民检察院认为制作、出售"外挂"构成侵犯著作权罪，而法院认定构成非法经营罪。检察院抗诉后，北京市第一中级人民法院仍然认定构成非法经营罪。一、二审中本案的焦点问题集中在《恶魔的幻影》"外挂"是否复制发行了《恶魔的幻影》软件。此案与上述《龙之谷》"外挂"案相同点表现为，都破解了游戏软件数字加密技术保护措施、调用原游戏软件的函数和数据。而不同点为《龙之谷》"外挂"大量地复制了原游戏软件，包括数据库文件、登录文件及完全模拟的通讯协议文件等，并且实现了能够无需依赖原游戏客户端而独立运行，而《恶魔的幻影》"外挂"没有复制原游戏文件等。司法机关也主要是依据不同点，认定《龙之谷》"外挂"复制了原《龙之谷》软件。遗憾的是在《龙之谷》"外挂"案中，并未详细分析破解游戏软件数字加密技术保护措施、调用原游戏软件的函数和数据等行为是否属于侵犯著作权罪中的"复制"。而此类行为恰恰是《恶魔的幻影》外挂的主要行为，理论和实践对此行为早有分歧。一种观点认为，"外挂"破解了游戏软件数字加密技术保护措施、调用原游戏软件的函数和数据，属于侵犯著作权中的"复制"；而另外一种观点认为，"外挂"属于二次开发，具有一定的技术含量，诸如一些外挂程序使用拦截 Sock 技术、拦截 API 技术、模拟键盘与鼠标技术等等，

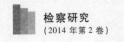

没有对游戏软件进行复制，不属于侵犯著作权罪中的"复制"行为。①

笔者认为厘清此问题必须先判断数字加密技术保护措施、"调用"原游戏软件的函数和数据是否在计算机软件著作权保护范围内。计算机软件与一般文学艺术作品存在本质不同，它是一种具有实用性的工具，设计出来的软件能完成一定任务。但著作权法首要保护原则是保护作品的表达，并不保护作品思想，《计算机软件保护条例》第 6 条也明确指出对软件著作权的保护"不延及开发软件所用的思想、处理过程、操作方法或者数学概念"。虽然对于软件开发者而言，最看重的是软件所实现的功能，但从著作权法的角度而言，对计算机软件的保护必须严格遵循不保护技术方案和实用性功能的基本原则。② 因此，著作权法保护计算机软件一般限于软件代码表达，对于代码生成后程序的运行和生成的数据不成为著作权法的保护对象，因此可以得出以下结论。

（一）技术保护措施不一定是著作权法的保护对象

著作权法意义上的技术措施是指用于保护作品或相关客体的技术，而用于保护程序运行和数据的技术措施并非都属于著作权法意义上的技术保护措施，如果这种措施是用于保护软件运行过程及其结果，而非保护软件作品，这种技术措施就不是著作权法保护对象。而网络游戏的数字加密措施恰恰一般都是针对程序运行和交换中的数据采取的加密措施，并非针对作品所采取的保护措施，不能用于防止人们对游戏软件进行复制和传播。在《恶魔的幻影》"外挂"案中的数据加密技术就是用于保护程序运行生成的数据，不属于著作权法意义上保护的对象。

（二）"调用"游戏软件程序也很难认定为"复制"

软件在运行的过程肯定会调用一定的函数，但这是所有软件在运行过程中都会进行的行为，包括微软操作系统上的应用软件在运行中都会调用微软操作系统的函数，但这并不是应用软件复制了微软的系统软件。《恶魔的幻影》外挂案的法院判决书也认为："'调用'与'复制'在行为方式和表现形态上亦有较大区别，两者不可混同。"

结合以上分析，我们可以看出如果"外挂"仅是破解数据加密技术，修改客户端—服务器端数据，或者是调用了游戏软件函数，这些行为都没有对游

---

① 参见张建升、于志刚、赵永红、庄伟等：《制作"游戏外挂"并出售牟利应如何处理》，载《人民检察》2006 年 12 月（下）期。

② 参见王迁：《知识产权法教程》，中国人民大学出版社 2009 年版，第 60 页。

戏软件作品进行"复制",不属于侵犯著作权罪中的"复制"行为。"未经许可或授权,破坏互联网络游戏作品的技术保护措施,修改作品数据进行挂接运营的,鉴于此种行为侵犯的是著作权人的作品修改权,一般不属于刑法所规定的侵犯著作权罪的调整范围,可以考虑是否构成非法经营罪等其他犯罪。"① 笔者认为,本节两个案例,没有认定被告人构成侵犯著作权罪符合罪刑法定原则,但这不意味着否定了侵犯著作权罪,就应该以非法经营罪定罪量刑。

四、"外挂"定性非法经营罪的解读

(一)制作、出售"外挂"

《QQ幻想助理》外挂案中被告人韩某未经许可,针对《QQ幻想助理》游戏软件,采用反编译方法破解了该软件和解密模块的算法,编写出《QQ幻想助理》外挂软件。韩某将该软件提供给张某,张某等人销售该软件非法经营数额30余万元。

法院认为:"五被告人编写《QQ幻想助理》,未经国家主管部门批准,公开销售的经营行为,属于非法互联网出版活动,应以非法经营罪追究刑事责任。"②

(二)使用"外挂"

董某、陈某非法经营案中董某、陈某雇佣人员,通过使用购得的"小金鱼"外挂帮助热血传奇玩家升级并牟利。后二人又购得"冰点传奇"外挂,以土人部落工作室名义,帮助热血传奇游戏玩家使用外挂代练升级,牟利198万余元。

一、二审法院均认为,被告人使用外挂代练升级"属于出版非法互联网出版物的行为,具有严重社会危害性,构成非法经营罪"。③

在以上两案中,司法机关是遵循以下思路认定非法经营罪的:首先确认

① 《江苏省高级人民法院、江苏省人民检察院、江苏省公安厅关于知识产权刑事案件适用法律若干问题的讨论纪要》(苏高法〔2013275号〕)。

② 徐凌波:《网络"外挂"相关行为的刑法评价》,载陈兴良主编:《刑事法判解》2012年第12期。

③ 参见:南京市江宁区人民法院刑事判决书(〔2008〕江宁刑初字第953号)、南京市中级人民法院刑事判决书(〔2011〕宁刑二终字第10号)。

"外挂"属于非法出版物，再根据最高人民法院《关于审理非法出版物刑事案件具体应用法律若干问题的解释》第 11 条或第 15 条规定，以出版物内容违法或出版程序违法认定构成非法经营罪。而学者批判制售、使用"外挂"构成非法经营罪的理由主要有二：第一，制售、使用外挂是否属于出版非法互联网出版物，尤其在董某、陈某非法经营案中单纯的使用外挂代练升级能否认定为"出版"非法互联网出版物的行为；第二，非法经营罪具有"口袋罪"特点，其中的"其他严重扰乱市场秩序的非法经营行为"的规定属于堵截性构成要件，① 在司法中存在被滥用的危险，认定外挂构成以非法经营罪是否属于该罪的滥用。

　　笔者认为，网络游戏是通过计算机程序编写的，但其内容具有电影、图书等出版物的共同特点，可以用于满足人们的学习与娱乐，属于典型的电子出版物，② 外挂程序依赖于网络游戏，当然也属于电子出版物。我国对电子出版物出版活动实行许可制度，未经许可，任何单位和个人不得从事电子出版物的出版活动。在以上各个案例中，第一，"外挂"无论是从内容到程序都是违法的，不可能被行政机关许可出版发行，因此"外挂"可以被理解为非法互联网出版物。第二，制售"外挂"属于典型的出版发行行为，而使用"外挂"要进行具体区分，如果是个人独自使用不能构成出版行为，但如果买来后提供多数不特定人使用，应构成出版发行行为。因此以非法经营罪认定制售、运营"外挂"的行为性质，一定程度上具有合理性。但有学者认为以非法经营罪认定"外挂"行为"虽然定性正确，但仍然存有缺憾"。③ 笔者亦有同感，因为非法经营罪并没有凸显"外挂"的技术危害特征，"外挂"主要突破技术保护措施，修改网络游戏数据的技术行为特点，并没有受到客观的评价，同时非法经营罪起步门槛较低、刑罚较重，"外挂"定性非法经营罪有违罪责刑相适应原则。

① 参见储槐植：《刑事一体化与关系刑法论》，北京大学出版社 1996 年版，第 359 页。

② 《电子出版物出版管理规定》第 2 条规定："电子出版物，是指以数字代码方式，将有知识性、思想性内容的信息编辑加工后存储在固定物理形态的磁、光、电等介质上，通过电子阅读、显示、播放设备读取使用的大众传播媒体，包括只读光盘（CD - ROM、DVD - ROM 等）、一次性写入光盘（CD - R、DVD - R）、可擦写光盘（CD - RW、DVD - RW 等）、软磁盘、硬磁盘、集成电路卡等，以及新闻出版总署认定的其他媒体形态。"

③ 石金平、游涛：《论网络游戏外挂的刑法规制》，载《政治与法律》2009 年第 10 期。

五、"外挂"定性破坏计算机信息系统罪的路径认同

《小牛 YY 多开器》外挂案①中林某自行编写的具有可突破"YY 语音"系统单机登录号码个数限制、批量注册、抢麦克风、刷鲜花等功能的程序，2010年9月，泮某发现该程序，并主动联系林某合谋将该软件命名为"小牛 YY 多开器"在网上出售，共牟利70余万元。后2人被南京市雨花台区人民检察院以破坏计算机信息系统罪批准逮捕。

根据《刑法》第286条第2款的规定，违反国家规定，对计算机信息系统中存储、处理或者传输的数据和应用程序进行删除、修改、增加的操作，后果严重的依照破坏计算机信息系统罪处罚。在此案中，外挂"小牛 YY 多开器"，修改了"YY 语音"系统软件，可以实现突破登录账号的个数限制、同时实现单机多账号登录，并可以批量注册账号。使用"外挂"登录大量账号，可以在网络游戏中实现"抢麦克风、刷鲜花"等游戏道具功能，不但造成大量非真实冗余数据存在，而且严重干扰了网络游戏计算机系统运行。本案中的"外挂"对网络游戏中存储、处理或者传输的数据和程序进行删除、修改、增加等操作，实现"外挂"的作弊功能，而这些功能都是严重危害计算机信息系统安全的行为，检方据此认定构成破坏计算机信息系统罪。其实在上述《恶魔的幻影》外挂案等案件中"外挂"的技术运行方式都是如此，当时也有观点亦认为，使用了反编译代码，获取源程序，然后通过加入其他程序，生成了外挂程序，这一行为，符合破坏计算机信息系统罪行为方式。但最终因为此罪要求必须达到"后果严重"才能构成犯罪，而当时没有关于"后果严重"相关司法解释，因此在当时的司法实践中排除适用破坏计算机信息系统罪。②2011年8月1日最高人民法院、最高人民检察院颁布的《关于办理危害计算机信息系统安全刑事案件应用法律若干问题的解释》第4条明确了五种情形属于"后果严重"、四种情形属于"后果特别严重"，定性破坏计算机信息系统罪有了可以直接适用的司法解释，以往不能认定构成破坏计算机信息系统罪

---

① 参见:《广州一网游公司被外挂侵扰 搬迁南京求保护》，载中华网 http://game.china.com/onlinegame/jiong/11083938/20130910/18039871.html，访问日期：2013 年 12 月 3 日。

② 参见张建升、于志刚、赵永红、庄伟等：《制作"游戏外挂"并出售牟利应如何处理》，载《人民检察》2006 年 12 月（下）期；石金平、游涛：《论网络游戏外挂的刑法规制》，载《政治与法律》2009 年第 10 期。

的理由现已不复存在。而且在我国台湾地区、韩国以及欧美许多国家也都把制作和使用游戏"外挂"行为作为网络犯罪进行对待。① 因此，对"外挂"优先考虑适用破坏计算机信息系统罪，不仅考虑了"外挂"的行为性质，也可以消解以非法经营罪定罪所带来的理论争议。

六、结语

通过追溯"外挂"案件的刑事定性路径可以发现，最早的"外挂"案件中，司法人员是在逐一否决了侵犯著作权罪、破坏计算机信息系统罪的情况下，最终选择适用了非法经营罪，而非法经营罪的"口袋罪"特点也恰恰可以通过解释用以满足打击"外挂"的需求。但不是所有的"外挂"案件都可以简单地适用非法经营罪，一方面因为随着网络信息技术的发展，"外挂"技术的发展日新月异，"外挂"的性质不同会引起侵权行为方式的变化，必须透过"外挂"的表面现象分析"外挂"的实质侵权行为方式。另一方面，"外挂"侵犯的客体是复杂客体，既有国家电子出版物许可制度，也有网络游戏开发商的知识产权、经营商经济利益，还有计算机信息系统的安全。对"外挂"的刑法规制必须结合"外挂"技术特点、行为方式以及侵犯客体不同，在具体适用案件时进行周全考量，司法人员必须不断往返在事实与规范之间，选择最适合的"外挂"的刑法定性。

---

① 参见张建升、于志刚、赵永红、庄伟等：《制作"游戏外挂"并出售牟利应如何处理》，载《人民检察》2006 年 12 月（下）期。

贩卖毒品案件诱惑侦查的现状及监督规制

——以某基层院办理贩毒案件为样本

黄　伟[*]

新《刑事诉讼法》第 151 条规定了隐匿身份型秘密侦查，诱惑侦查无疑属于隐匿身份型秘密侦查措施。在查办贩卖毒品案件中，侦查机关事实上一直通过诱惑侦查手段侦破案件，拘捕贩毒人员，搜集指控证据。由于在新《刑事诉讼法》之前，我国刑事程序法并未对诱惑侦查手段的合法性作出明确统一的规定，导致司法实践中，贩毒案件的诱惑侦查手段往往处于不受限制的法外运行状态。新《刑事诉讼法》第 151 条将诱惑侦查合法化的同时，也作出了限制性的规定，也即"不得诱使他人犯罪"，这为我们审查办理贩毒案件时，判断诱惑侦查活动的合法性提供了明确的法条依据和评价标准。本文通过对某基层院侦查监督部门在新刑诉法实施以来所办理诱惑侦查破获的贩毒案件情况进行调研分析，梳理归纳当前贩毒案件中诱惑侦查的实施特点，总结反思诱惑侦查手段滥用误用的成因、危害，并提出完善、规范、规制诱惑侦查的建议。

一、当前基层公安机关诱惑侦查贩毒案件的主要特点

（一）作用方面

从诱惑侦查的作用来看，通过主动出击实施诱侦，拘捕贩毒人员，获取有罪物证已成为侦破贩毒案件的利器。新刑事诉讼法实施以来，常州市某基层院审查批捕的贩毒案件中，89% 的案件由公安机关通过安排特情人员或涉毒违法犯罪人员，以诱惑侦查的方式向犯罪嫌疑人购买毒品，继而在交易环节当场拘捕犯罪嫌疑人，同时查获相关毒品赃物，主动侦查特点明显，侦破案件与拘捕贩毒人员的成功率几乎是百分之百。

---

[*]　江苏省常州市钟楼区人民检察院政治处副主任，苏州大学检察发展研究中心研究人员。

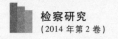

（二）类型方面

从诱惑侦查的类型来看，犯意诱惑与数量诱惑并存交织，多次引诱反复引诱现象明显。通过对诱侦贩毒案件案情的分析，几乎每一笔诱惑侦查案件中诱侦毒品的数量均高于诱侦嫌疑对象此前的单笔交易毒品数量，数量诱惑的案件比例为80%，其中，案例显示，针对无法查证此前具有贩毒交易的犯罪嫌疑人，单笔诱惑侦查的数量高达50克。经查证具有犯意诱惑现象的案件比例为12.5%，部分案例显示，诱侦人员在同一天上午购买毒品后，下午当即再次购毒诱侦并组织抓捕。

（三）对象方面

从诱惑侦查的对象来看，处于贩毒犯罪链末端的零包散卖、以贩养吸的涉毒人员成为诱侦手段打击重点。以诱惑侦查方式破获的贩毒案件中，即使加上诱侦的毒品数量，由于对2克以下的诱侦贩毒案件公安机关并不提请批准逮捕，2克以上5克以下的案件比例约为55%，10克以上的案件比例约为11%，这表明那些本身并不掌握大量毒品，只是少量贩卖毒品或者以贩养吸的涉毒人员，已成为当前基层公安部门诱惑侦查的主要对象。诱惑侦查实际上已成为破获零包散卖贩毒案件最重要的侦查手段。其中，受到引诱后从他人处临时购进毒品的贩毒案件比例约为40%，这些贩毒分子多为居间转卖从中牟利后以贩养吸的涉毒人员。

（四）实施方面

从诱惑侦查的实施来看，发展特情、线人与逆用毒品违法犯罪分子针对涉毒人员实施诱侦成为基本的破案模式。贩毒案件的线索主要来源有三种情形：一是公安部门的特情人员（俗称"线人"）或者辅警，利用此类人员与其他吸贩毒人员交往密切的特点，由特情人员自行发现、经营贩毒嫌疑线索后向公安机关定期提供，其中利用线人诱侦的案件比例约为36%；二是通过查处吸毒人员，以从轻处理为条件，要求吸毒人员向公安机关检举贩毒人员或者说明毒品来源并配合抓捕；三是通过查办涉毒刑事案件，由犯罪嫌疑人提供上线贩毒人员或者其他贩毒分子的线索，后两类案件比例约为62%。

（五）程序方面

从诱惑侦查的程序来看，启动诱惑侦查的程序随意，缺乏规范的流程控制及严格的审批机制，基层办案人员自我授权的任意化倾向突出。基层公安部门

（主要是派出所和特警队）对于贩毒案件诱惑侦查的实施程序缺乏明确的操作规范，启动诱惑侦查较为随意，一般在抓获涉嫌贩毒的犯罪嫌疑人或者吸毒人员之后，不需要经过任何书面审批手续，也未经上级领导部门的严格审批，即可直接由民警或者派出所所长决定实施针对可疑对象的诱惑侦查，要求吸贩毒人员交代上线人员，并安排联系诱侦对象交易，有些案件仅仅安排辅警人员携带购毒款与毒贩交易。同时，对于特情人员实施的诱惑侦查的控制松散，几乎没有实时监控，导致特情人员随时发动诱惑侦查，在林某某、张某某涉嫌贩卖毒品案中，特情人员仅凭怀疑，在未经请示的情况下，就向可疑人员提出购买总价26000元共计50余克的冰毒。

二、贩毒案件滥用诱惑侦查的原因及弊端

第一，贩毒案件本身的特点决定了依靠传统侦查手段查办难度较大，侦查实践中对诱惑侦查手段具有现实的需求和极度的依赖。贩卖毒品属于典型的无被害人犯罪，吸贩毒人员之间的特殊利益关系决定了此类犯罪具有高度的隐蔽性，收集线索、调查取证的难度极大，贩毒罪证不易固定获取，反之，采用诱惑侦查的手段则可以同步监控犯罪，并以现行犯的形式确定、抓捕犯罪嫌疑人，极为便捷地获取罪证，使贩毒人员对贩毒指控难以辩驳。以诱惑侦查查证的案件中，仅有约6%的案件因事实不清、证据不足未能批捕。

第二，侦查机关受到办案业绩考核驱动，片面追求办案数量而偏重采用诱惑侦查的方式查处贩毒案件。近年来，基层公安机关面对内部考核机制确定的办案数压力较大，当前司法资源相对短缺、刑事技术手段相对落后的现实也决定了公安基层派出所发现犯罪线索和收集犯罪证据的能力比较薄弱。相对而言，贩毒案件的办案周期较短，以诱惑侦查的方式查办毒品犯罪更是侦查资源投入较小，侦查效率较高的选择。

第三，司法机关对诱惑侦查缺乏有效的监督制约，对犯罪嫌疑人提出的被引诱犯罪的抗辩难以查明，在司法实践层面尚未形成对犯意诱惑的审查判断规则。侦查机关对于诱惑侦查的案件线索来源往往以保护线人为由不予明示，一些案件以群众举报形式检举后随即抓捕贩毒人员但却无法提供知情人获得线索的情况说明，或者特情人员在审查案件环节无法查找，难以核实判断诱惑侦查的具体情况。另外，对于贩毒人员提出是在诱惑侦查之下形成的贩毒犯意也难以查证，虽然新刑事诉讼法规定了不得以诱使他人犯罪的方式实施秘密侦查，但并非审查判断是否属于犯意诱惑的具体规则，导致司法实践中认定犯意诱惑的依据缺位。

第四，大量利用具有毒品违法犯罪前科的人员实施诱惑侦查带来的办案风险极高。在实践中，一些公安派出所通过向线人购买线索后由线人采用假意购买的方式破获贩毒案件的现象极为常见，通常对配合公安机关诱捕贩毒分子的吸毒人员在治安处罚方面从轻甚至不予处理，放任这些涉毒人员的吸毒违法行为，对他们购买毒品的资金也全额发还，甚至主动提供资金用于诱捕。不少吸毒人员以侦查部门的线人自居，混迹于各种毒品犯罪场合，不仅不利于悔过自新，反而容易使这些线人复吸甚至最终走上毒品犯罪道路。

第五，对于诱惑侦查的启动缺乏基本的证据标准，实施诱惑侦查的尺度缺乏控制，往往导致无端发动、随意发动诱惑侦查，诱使他人犯罪的现象难以避免。对线人提供的他人贩毒线索缺乏基本的初步调查，对犯罪嫌疑人提供的线索审查不严，仅凭一面之词，即可针对特定对象实施诱惑侦查。几乎所有的案件在诱惑侦查实施之前都没有严格的侦查预案，对诱惑侦查的尺度缺乏明确的要求。侦查人员对特情人员向诱惑侦查对象提出购买的毒品的数量以及诱惑侦查的次数没有明确限制，在反复多次的引诱行为下，往往容易使得没有贩毒犯罪意图的人决意实施贩毒，而此前少量贩毒的人实施贩毒较大数量毒品的行为，约 10% 的案件中，诱侦人员向贩毒人员实施 2 次以上诱惑其贩毒的行为。

三、贩毒案件诱惑侦查的价值衡量与合法判断

所谓诱惑侦查，从理论上分析，包括广义和狭义两种概念。其中，广义概念将不当诱惑侦查包括在内，即将犯意诱发型和犯意强化型的诱惑侦查纳入全部其中。狭义的概念则指具有合理性的诱惑侦查，正如有学者认为：诱惑侦查是指侦查人员或其协助者，为了侦破某些极具隐蔽性的特殊案件，特意设计某种诱发犯罪的情境，或者根据犯罪活动的倾向提供其实施犯罪的条件和机会，待犯罪嫌疑人进行犯罪或者自我暴露时当场将其拘捕的一种特殊侦查手段。[①]我们认为，上述定义对于毒品犯罪案件中的诱惑侦查现象具有适用性，而且，广义性的诱惑侦查概念有助于从理论上审视司法实践中的诱惑侦查行为的正当性和合理性。从前文所述的当前基层侦查机关在贩毒案件中使用的诱惑侦查手段来看，虽然具有不同的称谓，例如警察圈套、特情引诱、钓鱼执法等，但无疑都符合诱惑侦查的特征。面对贩毒案件中是否可以适用诱惑侦查手段的问题，我们认为简单的赞成或者反对都是一刀切的错误做法，有必要结合诱惑侦查的理论沿革及实践问题，在合理限制诱惑侦查手段的前提下，肯定其司法适

---

① 参见吴丹红、孙孝福：《论诱惑侦查》，载《法商研究》2001 年第 4 期。

用性，同时需要在制度上完善这一侦查手段，防止其产生负面效应。

（一）毒品案件实施诱惑侦查的利弊分析

近年来，一些毒品犯罪案件的组织化、智能化、秘密化以及犯罪人反侦查能力的日益提高，采用常规的侦查手段已经难以满足打击犯罪的需要，因而，适度使用诱惑侦查手段是打击毒品犯罪的客观需要。诱惑侦查使整个犯罪过程都在侦查机关的严密监控之下，可以提高案件的侦破率，同时可以及时获取罪证，降低侦查成本，极大地提高侦查效益。

虽然诱惑侦查在查办毒品案件中是一种行之有效的方法，但有效性并不能代替合法性，功利性不能代替正当性，实施诱惑侦查同时伴生的弊端也是显而易见的。其中，诱惑侦查的最大弊端在于导致侦查权的滥用和恣意扩张，从而引发诱使本无毒品犯罪意图或倾向的普通公民遭受侦查权不当诱导的危险。尤其在侦查机关将追求办案数量作为发动诱惑侦查的诱因时，通过特情人员以不适当的方式鼓动他人实施毒品犯罪，不仅背离了侦查机关打击、防止犯罪的天职，而且人为增加了犯罪，浪费国家执法资源，伤害公民对法治的信仰。即使在针对有犯意的人员实施的诱惑侦查，也可能损害犯罪嫌疑人应有的人权保障，在利诱之下，促使他人实施超越其本意的犯罪，从而致使他人被处以重刑，有违基本的公正理念。

（二）我国毒品犯罪诱惑侦查的司法现状

新刑事诉讼法虽然对诱惑侦查问题作了基本规定，但如何审查判断诱惑侦查的合法性仍然存有争议，相关审查判断的规则和标准也尚未建立。新刑事诉讼法出台之前，侦查机关采用诱惑侦查手段侦办案件的依据，是《人民警察法》第16条："公安机关因侦查犯罪的需要，根据国家有关规定，经过严格的批准手续，可以采取技术侦查措施。"公安部在1984年制定的《刑事特情工作细则》也对特情人员的设置、使用和证据采纳作出了规定，但该规定无论是从本身的科学性还是效力方面都不足应对实践需要。在毒品犯罪严重的地区，司法实务部门制定了关于诱惑侦查的规范性文件，如云南省公安厅于1995年出台《关于侦查预备贩毒案件暂行规定》，四川省法院、检察院、公安厅于2001年联合制定《关于贩卖毒品案件有关犯罪预备问题的意见》，这些文件基本确认了毒品犯罪侦查活动中，侦查机关可以对有证据证明预备贩毒案件实施诱惑侦查。但即使抛开这些规定的法律效力不谈，仅从规定本身也没有解决认定诱惑侦查合法性的争议。① 最高人民法院 2000 年《全国法院审理毒品犯罪案件座谈会会议纪要》中，要求全国法院对诱惑侦查侦破的毒品案件被告人在量刑时要根据特情引诱的情况区别对待，这表明司法机关对毒品犯罪中诱惑侦查采肯定态度，但同时也认为在犯意引诱和数量引诱的情形下，应在量刑层面对被告人从轻处理。

（三）毒品犯罪诱惑侦查的合法判断

诱惑侦查的合法性判断实际上是要求我们找到诱惑侦查合法性的实质性依据。从刑事侦查活动本身的目的来说，打击犯罪和保障人权是两种需要平衡的价值。纵观法治发达国家司法实践对于诱惑侦查的态度，无例外地在一定程度上承认诱惑侦查的可适用性时，对诱惑侦查本身的合法性提出了明确的要求。其中，侦查活动只是发现犯罪而不能制造犯罪可以称为侦查活动必须坚守的底线。正如学者指出："国家只能打击犯罪而不能制造犯罪，这是国家行为的基本界限，也是任何公民行为的界限。"② 因此，犯罪是否由诱惑侦查行为所引起的是判断诱惑侦查合法性的基本标准。

1. 国外理论与实践的发展及其启示。在美国判例法上，从对侦查陷阱的宽容态度到"陷阱之法理"再到"正当程序抗辩"，围绕诱惑侦查的合法性问题，展示了规制侦查权以保障人权的基本发展历程。从 1932 年的索勒斯（Sorrells）案到 1958 年的谢尔曼（Sherman）提供毒品案，确定了以考察被告人有无犯罪倾向作为侦查陷阱成立与否标准的"索勒斯——谢尔曼准则"（Sollors‑Sherman Test），形成"陷阱之法理"，这就是所谓的主观说。然而，主观说的缺陷在于脱离政府行为本身难以把握主观犯意，于是，客观说认为强调陷阱之构成应考察诱惑侦查本身是否具有诱发他人产生犯意的性质；而衡量的标准往往集中于侦查人员有无实行诱惑侦查的合理怀疑（Reasonable Suspicion）。③ 欧洲大陆法系国家诱惑侦查的理论特点，是从否定到有限度的

---

① 云南省公安厅《关于侦查预备贩毒案件暂行规定》仅针对毒品犯罪中贩毒分子筹集、携带巨资，在云南省境内寻找毒品卖主的情况，由侦查部门使用库存毒品或以假充真，实施"假卖"；四川省公检法联合制定的《关于贩卖毒品案件有关犯罪预备问题的意见》允许诱惑侦查采用"假买"和"假卖"两种方式，但对于启动诱惑侦查的证据标准却没有明确的规定，只是要求侦查对象存在犯罪预备行为，同时规定诱惑侦查不得诱人犯罪。参见杨志刚：《诱惑侦查研究》，中国法制出版社 2008 年版，第 160～162 页。

② 龙宗智：《上帝怎样审判》，中国法制出版社 2000 年版，第 211 页。

③ 参见吴丹红：《美国规制诱惑侦查的法理评介》，载《国家检察官学院学报》2001 年第 3 期。

认同。从刑事诉讼法典来看，各国均没有把诱惑侦查规定为法定的侦查手段，随着打击特定犯罪的需求，欧洲大陆法系国家逐渐承认诱惑侦查的价值，通过立法在一定范围内规定了侦查机关运用诱惑侦查的合法性，一般都对诱惑侦查的手段予以明确的限定，要求客观地进行某种行为而不能积极主动地鼓励、挑逗，而且要履行法定的审查程序。① 日本的司法实践明确地将诱惑侦查划分为犯意诱发型和机会提供型两大类，并且认为犯意诱发型的诱惑侦查是违法的，机会提供型的诱惑侦查是合法的。② 通过分析各国对待诱惑侦查的态度，我们认为，诱惑侦查合法性的基础在于使已经存在犯罪意图或犯罪倾向的犯罪嫌疑人暴露犯罪。

2. 当前司法理论及实践中对合法标准的把握：从我国目前理论界对待毒品犯罪诱惑侦查合法性问题的态度上看，基本依循了以"犯意诱发"和"机会提供"为标准界定诱惑侦查的合法性的思路。所谓"犯意诱发型"是指引诱者鼓动被引诱者，诱发其犯罪意图，促使他实施犯罪；"机会提供型"是指引诱者向已经产生了犯罪意图的被引诱者提供实行犯罪的机会。一般认为，"犯意诱发型"的诱惑侦查是非法的，而"机会提供型"的诱惑侦查是合法的。同时，也有学者认为"两分法"对合法性界限过于粗线条，提出对"机会提供型"的诱惑侦查进一步区分为"犯意确定型"和"犯意不确定型"，以实现罪刑相适应。③

虽然从理论上对诱惑侦查的情况进行分类是可行的，但在实践中如何将理论分类应用于个案认定则并不容易。结合学者研究成果，我们同意在合法性判断方面，从单一标准走向综合标准是理性认识的选择。④ 结合实际案例反映的情况，我们作出如下的分析性讨论：

（1）犯罪嫌疑人没有犯罪的意图，犯罪意图系诱惑侦查植入犯罪嫌疑人内心的情况，属于犯意引诱。对于犯意引诱的犯罪嫌疑人，不应追究刑事责任。如根据现有证据，犯罪嫌疑人虽然在诱惑侦查下实施了贩卖毒品的行为，但查明其事先并无贩毒行为，实施犯罪是经侦查人员主动、积极地实施诱惑行为，或以暴利相诱等，则不应追究犯罪嫌疑人刑事责任。此类案件在实践中表

---

① 参见金星：《诱惑侦查论》，法律出版社 2009 年版，第 18～20 页。

② 参见郭文莉：《诱惑侦查的司法控制》，内蒙古大学 2006 年硕士学位论文。

③ 参见李明：《诱惑侦查在毒品犯罪侦查中的合法性判断》，载《河北法学》2008 年第 11 期。

④ 关于对主观标准与客观标准的反思性认识，可以参考杨志刚：《诱惑侦查研究》，中国法制出版社 2008 年版，第 174～183 页。

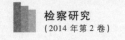
现为仅以诱惑侦查所证明的事实来指控犯罪，并无其他证明犯罪嫌疑人在诱惑侦查之前就已经有贩毒预谋的情况。

（2）如果犯罪嫌疑人曾经多次实施毒品犯罪，侦查人员通过诱惑侦查的方式将其拘捕之后，其交代了侦查机关所掌握的其涉嫌毒品犯罪的其他罪行，那么，诱惑侦查所针对的对象就具有特定性。在此，进一步区分如下几种情况：一是犯罪嫌疑人虽然此前有毒品犯罪的前科或者有毒品犯罪的行为，但在诱惑侦查之前，有证据足以证实其不再实施毒品犯罪的犯意，应结合诱惑侦查手段的强度来判断是否属于犯意引诱；二是如果犯罪嫌疑人蓄意实施毒品犯罪例如囤积毒品积极寻找买主，或者在侦查机关以平常人不足以受诱的强度实施诱惑时积极实施毒品犯罪，在此情况下，应视为毒品犯罪的故意并非由侦查行为引发。

（3）犯罪嫌疑人原本只有贩卖较少量毒品的故意，但在诱惑侦查之下实施了数量较大的毒品交易行为，对于行为人贩卖数量较大的部分，其实质与犯意引诱所产生的贩毒行为并无差别。同时，数量引诱在实践中不应得到鼓励，应当禁止侦查机关实施数量引诱，除非是为了侦查其他毒品犯罪，同时数量引诱不应计入贩毒数量。

四、新刑事诉讼法视野下贩毒案件诱惑侦查的监督规制

在我国毒品犯罪侦查活动中，诱惑侦查越来越成为常用的侦查手段，并产生了许多负面效应。如何对诱惑侦查手段进行合理规制，是当前刑事司法实践必须予以回答的问题。

（一）明确贩毒案件中诱惑侦查的适用限制的禁止性法律规定

要严格遵守不得诱使他人犯罪的禁止性法律规定，对于犯意诱惑的贩毒案件在不批准逮捕的同时，要对违法侦查活动进行相应的调查，并实施诱惑侦查的责任追究机制。在新刑事诉讼法实施条件下，应明确禁止在贩毒案件中实施犯意引诱侦查，最高人民法院的相关会议纪要允许在毒品案件中实施犯意引诱侦查手段的规定因与刑事诉讼法相抵触而无效，对于通过犯意引诱侦查获得的指控犯罪的言词证据应属于引诱方式收集的非法证据，对于实物证据则属于违反法定程序收集的可能严重影响司法公正的非法证据。对于违法实施诱惑侦查不仅应将所取得的证据作为非法证据排除，还应追究设诱者的行政责任乃至刑事责任。

（二）确立排除非法诱惑侦查的审查原则

1. 适用必要原则。诱惑侦查作为特殊的侦查手段，只能适用于通过常规侦查方法无法侦破或者无法获得有效证据的贩毒案件，为了防止诱惑侦查导致诱人入罪的危害，只能将其作为不具有可替代性的最后手段。

2. 主体合法原则。诱惑侦查的主体应仅限于侦查人员以及受委托协助侦查的其他人员，其他人无权进行，对于普通公民主动实施的诱惑侦查行为应属无效。

3. 对象特定原则。例如美国司法部的《联邦调查局关于秘密侦查的基准》要求被确定为诱惑侦查对象的人应当具备"足以怀疑对象有正在实施或者即将、可能实施同类违法行为的迹象"，日本司法将运用诱惑侦查的对象限定为"正在实施犯罪或有犯罪倾向的人"。① 因此，诱惑侦查的对象必须是与毒品犯罪有关，有合理根据或者足够理由表明正在实施犯罪或者有重大犯罪倾向的人，要求在实施诱惑侦查之前，必须进行事先的初步调查取证，掌握被诱惑对象具有实施毒品犯罪倾向的基本证据，禁止将诱惑侦查手段随意指向一般公民。

4. 诱惑适度原则。诱惑侦查行为应当以法治国家普遍认可的比例原则为指导，以必要性为前提，以合理性为限度。不得实施过于强烈的诱惑行为，应当充分考虑侦查对象个体的情况，还应处理好侦查的谋略性与合道德性的关系，不得超越社会普遍认可的道德观念。② 诱惑侦查行为应当以比例原则为指导，注意合理限度，保证引诱程度适当，诱惑侦查只能于提供一般中立性的机会，并消极地、被动地等待被诱者主动实施预定的犯罪意图，禁止反复诱惑、高额诱惑。

（三）强化诱惑侦查手段的内部监督机制

1. 完善诱惑侦查的实施方案。应该由侦查人员针对预备实施诱惑侦查的案件制作完备的书面申请材料，对案件线索的来源、侦查对象的基本情况、侦查的前期工作、目前掌握的基本证据、使用诱惑侦查的理由、诱惑侦查的实施人员及预案等详细列明，提交上级侦查部门进行审核批准。

2. 完善诱惑侦查的内部审批程序。无论是英美法系国家还是大陆法系国

---

① 许志：《关于诱惑侦查的法律思考》，载《法律科学》2006年第1期。

② 参见杨志刚：《诱惑侦查研究》，中国法制出版社2008年版，第206～215页。

家，都要求诱惑侦查的适用应当遵循正当程序的理念、原则及具体的程序规定。① 其中，内部审批程序是诱惑侦查启动的第一道关口，体现了侦查机关对诱惑侦查的自我控制。从毒品犯罪案件的侦查实际来看，很多案件的受理、侦查和办理都由公安基层派出所完成，而基层派出所不应具有自我审批实施诱惑侦查的权限，应当由公安分局报请地市级以上侦查机关批准。

3. 完善诱惑侦查的事中控制。在诱惑侦查出现批准侦查时没有预见的新情况或者具有严重侵犯人权危险时，诱惑侦查应当中止。在向原审批机关报告后，由其决定是否继续进行原诱惑侦查或者修改诱惑侦查计划。对于诱惑侦查的目的已经达到或者有合理迹象表明不可能实现的，或者在中止后经有权决定机关决定的，诱惑侦查应当终止。② 由同意实施诱惑侦查的审批部门对基层公安派出所实施的诱惑侦查活动进行全程的监控，一旦出现违法诱惑侦查的情况或者其他不适宜进行诱惑侦查的现象及时终止诱惑侦查活动。

（四）强化诱惑侦查手段的外部监督机制

在强化侦查机关内部监督的同时，必须意识到内部监督始终无法摆脱侦查机关自我授权的弊端。借鉴西方法治国家的经验，例如德国刑事诉讼法典规定，秘密侦查员只有经过检察院的同意才准许派遣，在紧急情况时警察机关可以先行派遣，但必须不迟延地取得检察院的同意，检察院在 3 日内未予同意的，警察机关要停止秘密侦查。③ 法国许可侦查人员以秘密身份在毒品犯罪中实施诱惑侦查在程序上也以得到检察官或者预审法官授权为前提。④ 在我国目前对诱惑侦查没有立法规制的情况下，可以由检察机关以外部监督的方式规制诱惑侦查。

1. 在诱惑侦查的启动方面，由检察机关通过提前介入侦查的方式，对诱惑侦查的方案进行个案审查。对于侦查机关内部通过审批实施的诱惑侦查案件，应将所有材料送交同级检察机关侦查监督部门审查批准。检察机关应从程序的合法性审查、手段的适当性审查、侦查的必要性等角度审查，同时对侦查机关的诱惑侦查申请应及时作出书面决定，并写明适用诱惑侦查的合理期限。

---

① 参见车承军：《刑事程序中的诱惑侦查研究》，载《中国刑事法杂志》2006 年第 5 期。

② 参见车承军：《刑事程序中的诱惑侦查研究》，载《中国刑事法杂志》2006 年第 5 期。

③ 参见舒锐：《德国诱惑侦查制度评介及启示》，载《黑龙江省政法管理干部学院学报》2008 年第 5 期。

④ 参见杨志刚：《诱惑侦查研究》，中国法制出版社 2008 年版，第 146～147 页。

在紧急情况下，可以先由侦查机关实施诱惑侦查，但侦查机关应及时向检察机关备案，由检察机关及时跟进审查诱惑侦查活动的合法性。

2. 检察机关在审查批准逮捕、审查起诉环节，通过对诱惑侦查案件的实体审查，充分利用立案监督、侦查监督权将违法适用诱惑侦查手段的案件以不捕不诉、纠正违法等方式实现对诱惑侦查的外部规制。我们认为，对于侦查机关在实施诱惑侦查之前并不掌握构成被诱惑对象具有实施毒品犯罪的合理怀疑证据，诱惑手段超过了普通人能够承受的限度，明显具有诱使他人犯罪的倾向的案件，应当认定为犯意引诱，从而认定诱惑侦查违法。对于情节显著轻微危害不大的，应当根据《刑法》第 13 条的规定认定行为不构成犯罪，对行为人作出不批准逮捕或绝对不起诉决定。对于情节相对轻微，又确有刑罚处罚必要的，也可以考虑在具备监管条件的情况下对其不采取羁押性强制措施，即不予批准逮捕；或者视行为人的犯罪情节、悔罪表现等对其作出相对不起诉决定。①

---

① 参见万丽红：《论对毒品案件诱惑侦查手段的法律监督》，载深圳市福田区人民检察院网站 http：//ftjcy. szft. gov. cn/。

在检察委员会设置专业咨询机构探析

刘天明*

检察委员会是人民检察院的议事决策机构，其主要职责是讨论决定重大案件和涉及检察业务方面的其他重大问题。检察委员会在检察工作中居重要地位，在推进检察机关严格执法、公正执法中发挥着重要作用。近年来，关于提高和改进检察委员会议事议案质量的呼声越来越高，完善检委会议事议案方式已成为检察改革的重要内容。本文试就在检察委员会配设专业咨询机构略抒己见，以求为检察委员会议事议案方式的改革抛砖引玉。

一、当前检察委员会议事议案中存在的主要问题

检察机关恢复重建30多年来，检察委员会的议事议案方式几经变革，日臻完善。从1980年2月21日最高人民检察院通过的《人民检察院检察委员会组织条例》，到近年来陆续印发的《人民检察院检察委员会议事和工作规则》、《人民检察院检察委员会议题标准（试行）》、最高人民检察院《关于加强和改进检察委员会工作的通知》等规章和文件，检察委员会建设走上了规范化、法制化的轨道，具有中国特色的检察委员会工作体系现已形成，并在检察工作中发挥着重要作用。但从检察实践看，目前省级以下检察机关检察委员会在议事议案决策过程中仍然存在着诸多亟需解决的问题，突出表现在科学决策、正确决策不够。有的案件虽经检察委员会审查通过，但在事实认定和法律适用上仍出现偏差，造成执法不严谨、不准确，导致错案时有发生；有的案件和事项数次提请检察委员会讨论，但每次都难以形成相对统一的意见，议事议案效率低下。造成这种情况的原因是多方面的，归纳起来主要是：

---

* 河北省人民检察院法律政策研究室副主任。

（一）审议准备不充分

有的检察院召开检察委员会会议随意性大，往往临时动意决定开会，检委会委员到会后才知悉议程和审议的材料，对所要审议的问题事前一无所知，只凭当时感觉发表意见；有的检委会委员对提交研究的案件或事项虽然在会前已拿到相关材料，但没有进行充分的审查和研究论证，缺乏认真的准备和思考，在检察委员会上只凭听案件承办人员的汇报、其他委员的见解和个人直观感觉便表态发言；有的委员责任心不强，人云亦云，议事议案中随声附和，应付了事。

（二）个别检委会委员业务素质不高

目前各级检察院的检委会委员在人员构成、业务水平、实践经验上参差不齐，一是个别委员尤其是为解决行政职级而被任命的"专职委员"，由于以前没有从事过业务工作，不懂检察业务，既没有法律专业知识，又缺乏实践办案经验，在检察委员会研究议题时特别是研究案件时，由于业务不熟，无法做出准确的判断。二是有的担任领导职务的委员只对自己分管的案件或事项熟悉关心，注重研究，积极发表意见；对不属于自己分管的则漠视淡处，审议研究时不用心，发言表态谨慎有余，这都直接影响了检察委员会的决策水平和效率。

（三）缺乏决策辅助机构

检察委员会作为检察机关的决策机构，对所研究决策的事项应当事先做好充分的论证准备工作。当前各级院检察委员会在研究决策过程中，决策智囊环节缺失，对拟上会讨论研究的案件或事项没有专门部门论证把关，案件或事项的具体情况只有承办人自己和分管院领导掌握，委员们对案件或事项的了解往往是来自于承办人的介绍，自身缺乏对案件事实和相关证据的直接研判，缺乏对提请研究事项的内容、目标要求的了解和评估。如果没有处于中立的专门机构对案件（包括事项）的实质性审查，很容易导致承办人对案件事实和证据的垄断，使参加会议的委员受到承办人既定意见的引导，而难以对案件或事项做出独立准确公正的判断。

为推进检察委员会议事议案决策的科学性、准确性和民主性，提高检察委员会议事议案效率，笔者建议，可在各级检察院检察委员会内配设若干个专业咨询机构，在检察委员会正式开会之前，由专业咨询机构对拟提交检察委员会的议事议案进行初步审查和决策性研究，形成集体审查意见后供检察委员会参考。这种将检察委员会决策程序前移的做法，目的是充分借用外脑，发挥检察干警和专家学者的智慧，通过辅助机构的"参谋"和"助手"作用，促进和提高检察委员会的议事议案决策水平。

二、专业咨询机构的职责、工作方式和设置

(一) 专业咨询机构的职责

笔者认为，检察委员会配设的专业咨询机构，其核心职能是为检察委员会当好参谋，基本职能是为检察委员会正确决策提供服务。专业咨询机构的主要任务是对拟提交检察委员会研究的重大案件或疑难案件提出事实认定和法律适用上的参考性意见，对拟决定讨论的涉及检察业务建设方面的重大议题进行论证，提出建设性意见。为保证议事决策的科学性、正确性，检察委员会在讨论重大案件、决定重大问题时不仅要听取办案人员对案件的汇报和相关部门对提交事项的决策建议，更要充分听取专业咨询机构的研究论证意见。当参加检察委员会会议的半数委员意见和专业咨询机构的研究论证意见发生重大分歧时，检察委员会对研究的案件和事项应慎重处理，认真听取多方意见，确保决策正确。

根据《人民检察院检察委员会组织条例》、《人民检察院检察委员会议事和工作规则》、《人民检察院刑事诉讼规则（试行）》和《检察机关执法工作基本规范（2013 年版）》等相关规定，专业咨询机构议事议案范围应包括以下内容：第一，重大、疑难、复杂案件；第二，拟提请抗诉的刑事案件和民事、行政案件；拟审议公安机关对不批准逮捕决定提请复议的案件；拟对本级公安机关启动立案监督及纠正违法行为的事项；第三，量刑建议中有重大分歧的案件，主要是指量刑建议幅度涉及无期徒刑、死刑缓期执行和死刑立即执行的案件；第四，拟撤销、变更下级人民检察院已作出决定的事项或案件；拟纠正下级人民检察院办理的存有错误的案件；第五，拟审议下级人民检察院提请复议的案件或审议的事项；第六，拟提交检察委员会审议的涉及检察业务、管理等规范性文件；第七，检察长交办或认为由专业咨询机构研究论证的案件或事项。

专业咨询机构的主要职责是突出专业参谋作用，即应该以"议案为主，议事为辅"，不能将拟提交检察委员会的所有事项都事先由专业咨询机构去研究论证，比如检察机关每年一度向人大所做的工作报告、专题报告，由于属于综合类工作而非检察业务范畴，专业咨询机构不宜介入研究论证。

(二) 专业咨询机构的工作方式

专业咨询机构应当在检察委员会的领导下开展工作，并对检察委员会负

责。专业咨询机构的日常工作由检察委员会办事机构管理。对拟提交检察委员会研究讨论的重大案件或重大检察事项，检察委员会办公室应当事先将案件或事项按性质进行分类，分别交办相关的专业咨询机构研究论证。在专业咨询机构未提出相应参考性和建设性意见之前，无特殊情况检察委员会办公室一般不将案件或事项直接提交检察委员会研究讨论。咨询机构人员根据研究事项提出个人论证意见，按少数服从多数的原则，形成供检委会委员参考的论证意见。其中有两种以上意见的应提出一种倾向性的建设性意见。

（三）专业咨询机构的设置

专业咨询机构按研究性质可分为刑事法律监督、民事行政法律监督、职务犯罪侦查监督、刑罚执行法律监督和检察决策等。各机构按业务分类负责研究论证相关领域的案件和事项。各专业机构研究论证案件或事项实行民主集中制，对议案可提出一种或两种以上的参考意见。为保证专业咨询机构决策的科学性，考虑到检察机关目前人员编制和构成实际，笔者建议：省级院检察委员会每个专业咨询机构可由 5 至 7 人组成，分州市和基层院检察委员会每个专业咨询机构可由 3 至 5 人组成。为突出专业咨询机构的参谋职能，专业咨询机构可一律称之为小组，如"某某人民检察院检察委员会刑事法律监督咨询小组"。

三、专业咨询机构人员的选任、职权和职责

（一）专业咨询机构人员的选任

由于检察委员会专业咨询机构的职责具有特殊性和特定性，因此其成员的选任必须体现"专业"特点，同时具备以下四个条件：

1. 必须是本院检察人员。根据最高人民检察院、国家保密局制定的《检察工作中国家秘密范围的规定》，检察委员会研究的案件属保密范畴，咨询人员研究论证的案件属于国家机密。因此，专业咨询机构的成员只有从检察机关内部产生，才能有效防止发生泄密事件。

2. 必须具备检察官资格。咨询人员具备检察官资格是保证研究案件和论证事项质量的最基本保证，专业咨询人员只有具备娴熟办案技能、丰富办案经验的检察官才能胜任。

3. 必须是对某一检察业务领域颇有研究的专家，或者在刑事、民事、职务犯罪侦查等方面具有理论研究造诣的专门人才。这一条是咨询人选中最重要

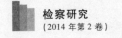

的一条，也是保证咨询质量的最重要环节。

4. 必须有强烈的责任心。专业咨询人员必须热爱所从事的专业，对研究和调研有着浓厚的兴趣，敢于吃苦，勇于负责，善于钻研，正义感强，科学务实态度鲜明，对维护法律的公平正义有着执着的追求。

除上述四个条件外，为拓宽选才任贤的视野，考虑到部分基层院存在的检察官匮乏、资深检察官因地方政策规定提前离岗的实际情况，可以充分利用离岗退休检察官的智慧和业务专长，对身体健康、精通业务、热衷于检察事业的离岗退休检察官，也可以纳入专业咨询人员的选任范围。

专业机构咨询人选由检察委员会办公室按照上述标准通过一定的程序确定后，报请检察长审查批准，并由检察长发给聘任书，以增强咨询人员的职业荣誉感和履行职责责任感。为体现专业咨询人员的智力和劳动价值，对受聘的专业咨询人员应定期发给一定数额的劳务费，以表示对专业咨询人员的尊重。

（二）专业咨询机构人员的职权

专业机构咨询人员应均为兼职，但在承办研究论证相关案件或事项过程中可赋予其下列职权：一是调取案卷，审查案件事实和证据；二是听取办案人员对案件的介绍或相关部门对拟提交事项的研究论证意见及依据；三是提出属于自己观点的研究论证意见；四是列席检察委员会，对本咨询机构形成的意见依据和理由进行解答，回答委员对相关问题的提问。专业咨询机构人员行使上述职权的过程中，办案人员和相关部门应积极配合。但咨询人员不得以研究案件或论证事项为借口，干预办案或指令有关人员及部门按照自己的意见修改原意见和方案。专业咨询机构研究论证的案件或事项属于研究组成员主办或承办的，该成员应当回避。

（三）专业咨询机构人员的职责

由于专业机构咨询人员的论证意见对检察委员会的正确决策有着重要影响，因此，专业机构咨询人员必须对论证的案件或事项高度负责，严格履行相应职责：

1. 坚持客观公正。专业机构咨询人员在研究案件和论证事项中，必须站在客观公正的立场上，依据事实和法律，提出自己的意见和建议，不受他人观点的影响，不受外界因素的干扰，只对客观事实和法律负责。

2. 对研究的案件或论证的事项严格保密。咨询人员在研究案件和论证事项过程中，除可以和相关案件承办人员、提请议事议案的部门和检察委员会办事机构交换意见外，不得向除此以外的任何人员、任何部门透露、传播有关研究论证案件和事项的内容，防止泄密。因个人行为造成泄密的，咨询人员应承担相应的行政责任和法律责任。

3. 忠实于论证案件事实和论证事项的实体内容。咨询人员在论证案件的过程中只对检察委员会办事机构交办的案件相关事实提出事实认定和适用法律的意见，对事实不清、证据不足等的，不负有调查的责任。确需补充侦查或补充证据的，可建议检察委员会办事机构与案件提交部门协商处理；咨询人员对论证的具体事项发现相关内容与法律法规相抵触的或规定的内容不当的，只提出相抵触的具体情形和规定的不当之处，不负责对矛盾实体内容的修改。

需要特别说明的是，专业咨询人员对研究论证的案件或事项所提出的建设性意见发生错误的后果后不受追究。专业咨询机构是检察委员会的参谋和助手，专业咨询人员所提出的意见是建设性的，它对检察委员的决策虽有影响，但对案件和事项的最终决定结果是由检察委员会研究通过。所以当检察委员会的决定发生错误时，应由检察委员会承担，而不能追究提出建设性意见的专业咨询人员责任。专业咨询人员不是案件承办者，不受错案追究制的约束和影响。

四、专业咨询机构在检察工作中的地位和作用

（一）专业咨询机构在检察工作中的地位

要正确区分目前检察机关内部设置的专家咨询委员会和专业咨询机构的区别，两者虽然都属于咨询性质的机构，但在职能和服务对象上有着本质区别。从职能上讲，专家咨询委员主要是对检察工作决策过程中的专业性问题进行研究论证；对重大、疑难和复杂案件中涉及到的专业领域的专门问题进行分析、论证，提供科学理论依据，提出咨询意见；就检察机关确定的重大检察理论研究课题，给予学术指导，或直接主持课题的研究工作；对重大理论和实践问题进行研究论证。而专业咨询机构主要是对拟提交检察委员会研究的重大、疑难、复杂案件提出事实认定和适用法律上的参考性意见；对拟决定讨论的涉及检察业务建设方面的重大议题进行论证，提出建设性意见。前者研究的都是检察业务以外专业性、技术性、疑难性的问题，不涉及对具体案件的定性处理和对检察业务建设发表意见；而后者研究的都是检察机关承办的各类具体重大案件、疑难案件的定性分析、适用法律等具体业务问题或检察业务建设的相关议题。从两者的服务对象上看也有所不同，专家咨询委员会工作的对象是检察机关各业务部门，即对各业务部门提出的相关问题进行研究讨论，并提出咨询解

答意见；专业咨询机构服务的对象是本院检察委员会，对检察委员会讨论研究的具体案件或有关检察业务建设提出参考性或建设性意见。因此，从咨询职能的实质意义上看，两者在不同层面发挥着不同作用，有着本质的差异。

（二）专业咨询机构在检察工作中的作用

笔者认为，在检察委员会内配设专业咨询机构，对提高检察机关的法律监督水平，坚持公正执法、严格执法有着积极作用。

1. 有利于检察委员会科学决策和正确决策。专门咨询人员对重大疑难案件和重大检察事项进行研究论证，可以帮助检察委员会委员开拓视野，深化对法律的理解和对案件事实的分析，便于检察委员会成员从多方位、多角度考虑问题，使决策更加科学。

2. 有利于提高议事议案效率。检委会委员由于业务分工不同和观察问题的视角不同，在对重大疑难案件和重大检察事项的讨论中往往会提出不同的观点和意见。专业咨询机构提出的参考性和建设性意见可以有效地化解这一矛盾，促进检察委员会提高议事议案效率。

3. 有利于强化检察监督和制约机制。检察委员会决策是检察机关行使法律监督权过程中的最后一道质量屏障，也是最为关键的环节。如何保证检察委员会决策准确体现法律的公平正义，专业咨询人员起着幕后谋士的作用。专业咨询人员的建设性研究意见将会有助于提高检察委员会决策水平。因此，在检察委员会配设专业咨询机构，使检察机关在履行法律监督职能上又增设了一条内部监督和制约机制，这种民主化制约机制可以有效防止办案中可能出现的失误和执法中可能发生的疏漏，为检察机关严格执法、公正执法增加了一道安全屏障。

4. 有利于整合检察人才资源，充分发挥专家型、学者型检察官的聪明才智。目前，各级检察机关检委会委员行政化现象严重，在委员构成中除检察长、副检察长为当然的委员外，其他委员大多是由主要业务部门负责人担任，有的专职委员是为了解决个人行政职级待遇而被任命的，名曰"专职"，实际上业务并不专业，不完全符合《人民检察院检察委员会专职委员选任及职责暂行规定》中"政治业务素质好、议事能力强、检察工作经验丰富"的要求。检察委员会并非完全由检察业务"精英人才"构成是各级检察委员会的通病，在现行检察体制下一时无法改变。目前，检察机关的专业化水平已经有了质的飞跃，各级检察机关都有自己的高水平办案专家和理论人才。设置专业咨询机构可以把这些专门性、精英性人才集中到一起，集思广益，使检察人才资源通过整合释放出巨大效能，最大限度地帮助检察委员会提高决策水平和议事议案质量。

检察机关执法办案风险
评估预警机制的实践与思考
——以案件管理中心对执法办案风险评估预警工作
进行组织协调和督促检查的实践为视角

王秀梅　葛　欣*

当前我国正处于经济体制转型的关键时期，在经济迅速发展的同时，社会结构、利益格局、思想观念也随之发生着深刻的变化，各种社会矛盾凸显、信访总量高位运行、群体性事件时有发生，这些都已成为检察机关在执法办案过程中不可避免的风险问题。2011 年最高人民检察院出台了《关于加强检察机关执法办案风险评估预警工作的意见》（以下简称《意见》），规定各业务部门是进行风险评估的主要机构，其目的是从源头上控制办案风险。2011 年 10 月山西省人民检察院出台《关于加强全省检察机关执法办案风险评估预警工作的意见》，对风险等级、具体操作流程作了明确规定。太原市杏花岭区人民检察院结合省、分州市检察院规定，确定了由案件管理中心负责风险评估预警工作的组织协调和督促检查，并在 2012 年初全面开展此项工作。2013 年，最高人民检察院出台的《检察机关执法工作基本规范（2013 年版）》第 11.2 条明确规定了案件管理的业务范围包括"对执法办案风险评估预警工作进行组织协调和督促检查"，案管中心的督促检查职能进一步得到明确。我院经过 2 年的实践探索，积累了一些经验，也发现了一些需要解决的问题。

＊ 王秀梅，山西省太原市杏花岭区人民检察院检察委员会专职委员；葛欣，山西省太原市杏花岭区人民检察院助理检察员。

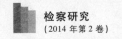

一、将执法办案风险评估预警工作的组织协调和督促检查纳入案件管理的原因分析

案件管理中心作为检察业务的监督管理部门，将其作为执法办案风险评估预警工作的组织协调和督促检查部门，具有科学性。案件管理与执法办案风险评估预警工作的组织协调和督促检查在职能定位、管理与督促检查的对象、目的等方面具有一致性。此外，将执法办案风险评估预警纳入案件管理也符合案件集中管理模式的要求，案件管理中心所具有的检察业务统计分析职能对执法办案风险评估预警工作督促检查职能的发挥能够起到积极的促进作用。

（一）从案件管理部门的职能定位上看，可以将执法办案风险评估预警工作的组织协调和督促检查纳入案件管理

案件管理部门的定位是综合性内设业务机构，通过履行管理、服务、监督、参谋等职责强化检察机关的内部监督，维护检察一体化。① 可见，案件管理中心负责检察机关的检察业务管理工作，而执法办案风险评估的本质是对检察业务进行风险管理，检察业务风险管理属于检察业务管理的一部分，归入案件管理中心的职责范围符合管理的客观规律，有利于提高办案质量和效率，增强检察机关的公信力。

（二）执法办案风险评估的对象和案件管理的对象具有同一性

从执法办案风险评估的对象和案件管理的对象上看，可以将执法办案风险评估预警工作的组织协调和督促检查纳入案件管理。执法办案风险评估是对"案件"进行的评估，评估的对象是各类案件，而案件管理的对象是检察机关承办的各类案件，不是案件则不属于管理的对象。二者所指向的对象都是案件，具有同一性。

（三）督促检查与案件管理的目的具有一致性

从目的上看，可以将执法办案风险评估预警工作的组织协调和督促检查纳入案件管理。案件管理的目的是加强自我监督，保证案件质量和办案效率，对案件进行质量评查、提高案件质量是案管中心的重要职责之一。建立执法办案风险评估预警机制的目的是及时发现由检察执法行为引发的不稳定因素、激化

---

① 参见申云天：《检察机关案件管理工作中的十个关系》，载《人民检察》2012年第10期。

社会矛盾等风险，及时采取措施，防范和减少风险的发生，实现执法办案社会效果、政治效果和法律效果的有机统一。是否对办案风险进行了有效评估、防范，防止涉检上访发生是衡量案件质量高低的重要标准之一，将执法办案风险评估预警工作的督促检查纳入案件管理，有利于对案件进行全面的质量评查，不断提高执法规范化水平。由此可以看出，检察机关进行执法办案风险评估的目的与案件管理的目的具有一致性，将执法办案风险评估预警工作的组织协调和督促检查纳入案件管理符合客观规律。

（四）符合案件集中式管理模式的要求

案件管理中心的成立是将从前的分散管理模式转变成集中管理模式。"案件集中管理模式是对传统的检察长和检委会的宏观管理、条线之间的纵向管理、部门负责人的内部管理、专门部门的重点管理和检察官自我管理权限的重新配置和流程再造，是执法管理机制的创新。"① 案件集中管理通过实施源头控制、动态监督和全程管理，实现对案件的管理由传统的、注重结果的管理模式向现代的、以过程控制为核心的管理模式的转变。对于执法办案风险评估预警来说，由于风险发生具有不特定性，对案件的风险评估也需要与办案同步，贯穿于办理案件的全过程。因此，对执法办案风险评估预警的督促检查也不能在案件办结后进行，应当在办案过程中随时监督，真正实现流程监控、动态监督，这与案件集中管理的职能具有一致性。

（五）依托检察业务信息管理职能，便于执法办案风险评估预警的督促检查职能发挥

案件管理中心具有信息管理职能，负责检察业务数据的统计工作，对全院案件受理数、审结数、未结案件数、移送法院案件判决生效数均有准确掌握，便于统计每月各业务部门应当进行风险评估预警的案件数量。在每月的督促检查中，能够迅速发现业务部门未进行风险评估预警或者风险评估预警不及时的案件，并及时予以纠正。案件管理中心依托检察业务信息管理职能，使执法办案风险评估预警的督促检查职能得到充分发挥。

二、执法办案风险评估预警机制的制度设计

当前，全国各地检察机关都在探索建立执法办案风险评估预警机制，有的

---

① 申云天：《检察机关案件管理工作中的十个关系》，载《人民检察》2012 年第 10 期。

取得了良好的成效。例如，北京市人民检察院第二分院创新推出了"建立一个专门机构、完善两项制度规范、抓住四个工作环节、推行'六个一'工作方式"的"1246"工作模式。又如，苏州市检察机关运用"执法办案风险评估预警处理平台"软件，实现了风险评估流程化管理、风险信息动态化采集、风险预警网络化控制和风险矛盾常态化调处。太原市杏花岭区检察院在 2012 年按照省、分州市检察院有关规定，结合案件管理中心现有的资源和信息化水平，积极探索建立符合我院实际情况的执法办案风险评估预警机制。

（一）执法办案风险评估的案件范围

最高人民检察院《意见》将拟作出不立案或者撤销案件决定的职务犯罪案件等 12 类案件作为执法办案风险评估的重点案件，山西省人民检察院《关于加强全省检察机关执法办案风险评估预警工作的意见》从"案件范围"和"执法决定"两个不同角度对执法办案风险评估预警的重点做了细化。需要进行风险评估预警的案件范围是：第一，重大、复杂案件。即可能或者已经在本辖区甚至全省、全国产生较大或者重大影响，引起当地党委政府、上级机关高度重视的案件。第二，热点敏感案件。即在案件性质、主体、情节、管辖以及办案行为和过程等方面具有一项或者多项敏感因素，可能或者已经形成社会热点，并引发社会公众和新闻媒体普遍关注的案件。第三，涉众型经济犯罪案件。即涉及面广、被害人众多、涉案金额大、案件处理结果关系到被害人切身利益的案件。第四，群体性事件所涉案件。即案件处理关系到相当数量群众的重要诉求，可能或者已经引发群体性事件的案件。第五，法院、检察、公安等机关意见严重分歧的案件。即需要进行风险评估的执法决定，包括侦查监督部门、公诉部门、职务犯罪侦查部门、监所检察部门、民事行政检察部门、刑事申诉部门、纪检监察部门、检察技术部门八个部门作出的执法决定。山西省检察院的规定与最高人民检察院《意见》相比，条理更加清晰、分类更加合理，几乎涵盖了检察机关可能引发风险的所有决定。

我院在坚持"一案一评估、一案一登记、一案一预警、一案一通报、一案一化解、一案一归档"的前提下，将风险评估的案件范围与纳入网上办案系统流转的案件范围相结合，将公诉、侦监、反贪、反渎、民行等部门办理的全部案件纳入评估范围。通过网上办案系统办理的案件，其所有文书都通过网上流转，案件管理中心通过对办案文书的监督，能了解大致案情，也能对是否有办案风险进行初步判断，有利于对办案部门风险评估预警工作的督促检查。

将检察机关办理的全部案件纳入风险评估范围，对风险评估预警机制的可持续发展具有重要意义。随着社会不断发展，新的社会矛盾不断涌现，检察机关办理案件的范围也会随之发生变化，如果将风险评估的案件范围规定得过于绝对、过于具体，极有可能将新出现的具有风险的案件置于评估范围之外，不利于检察机关应对新形势、新问题，不利于检察机关应对、防范、解决新风险，更不利于风险评估预警机制的可持续发展。

（二）执法办案风险评估的风险内容

综合最高人民检察院《意见》及山西省检察院相关文件规定，执法办案风险评估预警的风险内容包括：第一，可能引发当事人及其近亲属自杀、自残等办案安全问题的；第二，可能引发当事人及其近亲属过激行为甚至暴力事件、群体性事件的；第三，可能引发当事人及其近亲属上访、缠访、闹访、越级访的；第四，可能引发社会舆论广泛关注，被少数人借机恶意炒作，影响检察机关执法公信力乃至党和政府形象的；第五，可能产生不良社会反映、影响当地社会稳定的；第六，可能导致发案单位停工停产、遭受重大经济损失的；第七，可能引发新的矛盾纠纷，为下一执法办案环节埋下隐患或者带来不利影响的；第八，可能产生的其他执法办案风险。

文件用列举的方式对风险的内容加以规定，并用"可能产生的其他执法办案风险"进行了兜底。现实社会的情况千变万化，风险的内容不仅仅限于以上七种情形，应当从理论上对风险进行分类，明确各类风险的内涵，以应对随时可能出现的新型风险。笔者认为，从风险管理理论出发，检察机关执法办案中存在的风险主要有三类，即现实风险、处置风险、舆情风险。

1. 现实风险。一般包括三种类型，即涉及特殊身份案件当事人的、涉及敏感领域或者敏感问题的、在一定区域内有重大影响的。特殊身份的案件当事人，包括犯罪嫌疑人、被害人甚至证人是外国人、较高级别领导干部、党代表、人大代表、政协委员、社会知名人士或其他有一定社会地位和影响力的自然人或组织。案件涉及敏感领域或者敏感问题的，一般指案件与社会保障、征地拆迁、环境保护、"三农"等当下社会关注的焦点有关。在一定区域内有重大影响的案件，指称霸一方的黑恶势力案件、危害国家安全犯罪案件、区域内发生的恶性刑事案件、国家机关工作人员重大职务犯罪案件等。[①]

2. 处置风险。指检察机关执法办案过程中由于当事人对案件实体处理结果或诉讼程序不理解引发的矛盾。比如检察机关依法作出的维持公安机关不立案或者立案决定、不（予）批准逮捕犯罪嫌疑人、不起诉、撤销案件等决定

---

① 参见天津市北辰区人民检察院课题组：《检察环节执法办案风险评估预警机制研究》，载《法学杂志》2013 年第 2 期。

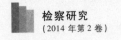

所引发的当事人的不满和对立情绪。

3. 舆情风险。指检察机关在执法办案过程中的某一做法或者办案人员的某些言论被媒体利用、放大甚至错误解读，引发主流媒体、网站、论坛等出现评议报道尤其是负面评议报道，可能影响广大人民群众对检察机关进行理性评价的风险，或者被少数人借机恶意炒作，影响检察机关执法公信力甚至危害党和国家形象的风险。[①]

根据上述区分标准，《意见》规定的七种具体风险中，第一、二、三、六、七种属于处置风险，第五种为现实风险，第四种为舆情风险。

（三）执法办案风险评估预警的等级

最高人民检察院根据风险的程度、性质和影响，将案件的风险等级划分为重大风险案件、较大风险案件、一般风险案件三个等级。省级院根据案件影响范围的大小、可能引发后果的严重程度和风险化解的难易程度，由高到低将风险分为一级预警、二级预警和三级预警。一级预警与重大风险案件、二级预警与较大风险案件、三级预警与一般风险案件的内涵一致，只是称谓不同。

1. 一级预警。指案情重大、社会公众和媒体高度关注、涉及被害人较多，极有可能出现当事人及其近亲属自杀、自残、实施暴力等极端行为，容易引发群体性事件，或者存在其他不稳定因素，需要党政多个部门共同解决的。

2. 二级预警。案情相对复杂、矛盾持续时间较长，处理有一定难度，极有可能引发涉检上访问题，需要上下级检察机关或者本院各部门相互协作、共同化解的。

3. 三级预警。当事人及其近亲属对有关问题存在疑虑，对处理结果不理解，存在风险苗头，承办部门承办人通过释法说理、协调疏导能够化解的。

笔者认为，对风险等级这样划分是科学合理的，但过于概括笼统。譬如"案情重大"与"案情相对复杂"的区分标准是什么不明确，在涉众型经济犯罪案件中，人数达到多少算"被害人较多"也无明确的量化标准。这些标准过于原则，在实践中时只能依靠办案人员的自由裁量来确定，极有可能将一级预警的案件误判为二级预警，影响了检察机关对风险的重视程度、处理效果，容易导致风险问题的扩大；也有可能将二级预警的案件确定为一级预警，造成对风险的过度关注，耗费大量司法资源。因此，应当在现有风险等级的基础上对每一等级下的风险内容进行细化，达到在实践中准确界定风险等级的目的。

[①] 参见天津市北辰区人民检察院课题组：《检察环节执法办案风险评估预警机制研究》，载《法学杂志》2013 年第 2 期。

二、在实践中发现的问题及解决办法

（一）评估发现存在风险的案件数量与实际不符

以太原市杏花岭区人民检察院为例，2012 年，侦查监督部门共评估案件 445 件，发现存在风险的案件仅 1 件；公诉部门共评估案件 675 件，发现存在风险的仅 5 件。2013 年，侦查监督部门共评估案件 272 件，发现存在风险的案件 0 件；公诉部门共评估案件 535 件，发现存在风险的案件 2 件。但是经了解发现，实际存在风险的案件数量远远大于评估后发现风险案件的数量。风险评估流于形式，未真正发挥其提前防范风险、化解社会矛盾的作用。分析原因：一是业务部门案多人少的矛盾突出，案件承办人通常情况下需要同时承办多个案件，存在"就案办案"思想，没有更多时间和精力对案件进行风险评估、制定处置预案。二是思想上重视程度不够。多数承办人在思想上未意识到对案件进行风险评估预警的重要作用，认为这项工作可有可无，评估案件时具有应付了事的心理。三是绩效考评机制存在缺陷。最高人民检察院虽然要求要把执法办案风险评估预警的落实情况作为绩效考核和办案质量评查的重要内容，但实践中这一规定并未得到全面的贯彻执行，这也是造成风险评估预警机制的实践流于形式的重要原因。

笔者认为，可以通过以下方式进一步将执法办案风险评估预警工作落到实处：一是加强对办案人员的培训力度，使其认识到检察机关办案人员都负有风险管理的责任，执法办案风险评估预警机制是新时期提前防范风险、化解社会矛盾、参与社会管理创新的重要方式，是提高办案质量、实现案件法律效果、政治效果、社会效果有机统一的重要保障。二是尽快将执法办案风险评估预警的落实情况纳入绩效考核中，推动各级检察机关积极开展此项工作。

（二）沟通协调解决执法办案风险的新机制尚未形成

要解决执法办案中遇到的风险矛盾，有时仅靠案件承办部门自身远远不够，还需要其他多个部门共同配合才能完成。遇到风险后与本院其他部门、其他单位沟通协作的工作渠道尚未形成，依然仅仅依靠层层向领导汇报的传统机制。当执法办案风险出现时，只有在第一时间了解风险信息，才能迅速制定处置预案，将风险控制在一定范围内，防止风险进一步扩大；反之，将会大大增加解决风险的难度。传统的领导汇报机制不能迅速将风险传达到需要参与风险防范的各单位、各部门，容易延误处理风险的时间，因此，建立系统的、科学

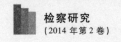

的各部门间协调解决执法办案风险的工作机制显得尤为必要。

笔者建议，协调解决风险问题的工作机制主要包括三方面：一是完善上下级风险评估预警信息通报制度，保证信息传递的及时、真实和完整；二是与政法委、法院、公安、信访等单位建立敏感案件联系机制，做到早发现、早介入、早预防；三是加强与党委宣传部门和公安机关的沟通，共同做好涉检网络舆情的引导和应对工作。

（三）正确处理风险评估的价值目标与法律价值目标之间的冲突

建立执法办案风险评估预警机制的目的是降低办案风险，防止在执法办案过程中产生新的矛盾。但是，为了降低办案风险而放弃依法办案的原则，不按照法律评判对错、解决纠纷，而是无原则地采用调解、迁就等方式一味满足相关人员的无理要求，达到使其息诉罢访的目的，这种做法是不可取的。因此，在运用风险评估预警机制时，办案人员需要妥善处理在法律框架下追求当事人正当利益最大化、维护法律权威与化解社会矛盾、维护社会稳定两者之间的关系。检察机关要坚持在宪法和法律的范围内解决矛盾冲突，依法办案的同时做好释法说理工作，通过风险评估预警发现并解决检察机关在办案中存在的问题，从而提高检察机关的执法公信力。

浅议南京青奥会标志的知识产权保护

徐　佳　徐燕群*

青年奥林匹克运动会，简称青年奥运会、青奥会，是一项专为年轻人设立的体育赛事，揉合了体育、教育和文化等多领域的内容，并将为推进这些领域与奥运会的共同发展而起着一个催化剂的作用。① 青奥会标志和奥林匹克标志一样，具有精神和物质的双重属性，它既是融合传统与现代、民族与世界的一种智力创造成果，又是蕴含巨大商业价值的家喻户晓品牌。如 2011 年 5 月 19 日正式发布的南京青奥会会徽，该会徽图形由三部分组成，以青奥会英文名称及视觉标志为基础，以举办年份数字"2014"为构图过渡，以色彩鲜艳的线条和色块将南京明城墙城门和江南民居轮廓进行艺术组合，勾勒出英文"NANJING"字样，整个会徽体现了"国际风格、奥运精神、青春气息、南京文化"的设计理念，寓意欢迎、交流的青春之门，象征欢聚、健康的青奥之家。② 如何在推广青奥文化、获取利益的同时，全面、充分保护这些青奥会标志，防止其过度商业化，实现既保护青奥标志权利人的利益，又最大限度内不损害社会公众合法表达对青奥会运动情感的权利，是当前一项亟待研究的课题。

一、青奥会标志知识产权保护的一般基本问题

（一）青奥会标志的界定

标志，《现代汉语词典》的解释是"表明事物特征的记号"。③ 青奥标志

---

　* 徐佳，江苏省南京市玄武区人民检察院助理检察员；徐燕群，江苏省南京市鼓楼区人民检察院助理检察员。

　① 参见《青年奥林匹克运动会》，载 http：//baike. baidu. com，访问时间：2013 年 10 月 20 日。

　② 参见杨磊：《第二届青奥会会徽发布》，载 blog. sina. com. cn，访问时间：2013 年 10 月 19 日。

　③ 《现代汉语词典》，商务印书馆 1996 年版，第 82 页。

是指代表青奥特征或形象的记号。一般情况下，青奥会标志有广义和狭义之分，狭义上的理解是指青奥会的徽记。广义上，青奥会标志指《奥林匹克宪章》和《第二届青年奥林匹克运动会主办城市合同》规定的任何与青奥会有关的商标、特殊标志、专利、作品和其他创作成果，这里具体包括：青奥会的名称、会徽、会旗、会歌、格言；南京青奥会申办机构的名称、申办标志、申办口号和其他标志；南京青奥会组织委员会的名称、徽记、域名和其他标志；南京青奥会的名称、会徽、吉祥物、口号、会歌、会旗、火炬、奖牌、纪念章、纪念品；南京青奥委举办的，或者委托他人举办、创作，并约定由青奥委享有权属的与南京青奥会有关的宣传、表演、书刊、影视、火炬接力、开幕式和闭幕式创意方案，计算机软件和其他作品等。① 本文所指的青奥标志，系就广义角度而言的，青奥会有关的标志及智力成果。

（二）青奥会标志保护的价值基础

1. 保护和鼓励创造。南京青奥会的会徽自 2010 年 10 月正式启动，历经初评、复评、终评及南京青奥委审定等程序，投入了巨大的人力和财力。知识产权制度的目的在于保护和鼓励创造，如果任何人都可以对这些凝聚了诸多创作者心血、投入大量人力和财力的青奥标志随意使用的话，无疑损害了创作者的利益和从事继续创造的积极性。

2. 保护青奥会标志代表的奥林匹克运动人文价值。青奥会和百年奥运一脉相承、在赛事规格上堪称"小奥运"，每一届的青奥会标志从会徽到吉祥物，从主题歌到格言，从场馆到主题环境的设计、建造，诸多知识产权成果的诞生都代表着奥林匹克精神，传播奥林匹克理想和理念，推进奥林匹克运动的持续、健康发展；同时又在一定程度上包含了该届主办国家的民族精神、民族文化、民族特色和所在城市的自然标志、地理风貌、社会风俗，彰显了主办国社会文化的鲜明个性，具有重要的人文价值。作为奥林匹克精神与主办国文明相结合的产物，青奥会标志是智力成果的一种极大化体现。

3. 保护青奥会标志蕴含的商业价值。现今大型体育赛事中，有偿出让标志使用权是顺利举办的一条必要有效途径。以 2008 年北京奥运会为例，承办此次奥运会给中国带来近 20 亿美元收入，其中大部分收入来源于对奥林匹克知识产权的市场开发。② 青奥会在即，赞助商定会利用青奥会标志进行广告宣

① 参见《南京市青年奥林匹克运动会知识产权保护规定》第 4 条。
② 参见李安琦：《南京青奥会知识产权保护研究》，载《企业技术开发》2013 年第 6 期。

传和市场营销活动，借助青奥会标志的知名度，提升企业形象和市场影响力，获取更强的市场竞争力。如果不付出赞助费等任何代价就可以使用青奥会标志的话，不仅对其他赞助商来说极不公平，而且影响青奥会的顺利进行。

（三）青奥会标志的特殊性质

青奥会标志的知识产权除了一般知识产权的特征外，还因青奥标志的自身特点而具有一些特殊性，在进行知识产权保护时需对此加以注意。

1. 权利主体方面的特殊性。权利人的明确、具体是知识产权进行保护的基础，而青奥标志具有一定的特殊性，即标志种类的不同决定权利的归属主体不同。例如，青奥会的名称、会徽、会旗、会歌、格言等属于国际奥委会专有的产权；南京青奥会的名称、会徽、吉祥物、口号、会歌、会旗，火炬设计、徽章、奖牌、纪念章设计及铸模等，于 2014 年 12 月 31 日后权利归国际奥委会所有。中国奥委会是部分青奥会知识产权的权利人，包括中国自己的奥委会名称、标志会旗及在中国申办、举办过程中形成的知识产权等。团体、法人及个人通过合法渠道亦可成为与青奥会密切相关的知识产权的权利人，如青奥会电视转播权、授权使用青奥会知识产权的商品、与青奥会密切相关的作品、与青奥会密切相关的专利产品和专利技术等。①

2. 地域性方面的特殊性。知识产权具有严格的地域性，除国际公约或双边协议约定之外，知识产权人根据该国法律取得的知识产权，原则上只在该国领域内有效，受该国领域内法律保护。根据《奥林匹克宪章》之规定，奥委会可以在世界范围内转让其无形资产，实施合作伙伴（TOP）计划，洽谈电视转播权等，且其成员国都有保护奥林匹克知识产权的义务。② 可见，青奥会标志的知识产权保护具有广泛的国际地域性。

3. 时间性方面的特殊性。为既促进科学、技术、文化的广泛传播，又注重保护知识产品创作者的合法利益，协调知识产权专有性与知识产品社会性之间的矛盾，③ 现行的知识产权法律对知识产权在时间上都设定了相应的保护期限。但《奥林匹克宪章》明确规定，国际奥委会知识产权为永久拥有的权利，

① 参见向征：《国际大型体育赛事知识产权保护对南京青奥会的启示》，载《金陵科技学院学报》（社会科学版）2013 年第 2 期。

② 参见韩亭：《我国重特大灾害应急管理接受国际救援问题研究》，载《兰州大学》2010 年第 4 期。

③ 参见冯玉军、黎晓园：《奥林匹克标志的知识产权保护初探》，载《法学论坛》2007 年第 4 期。

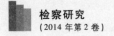
没有时间限制，奥林匹克标志的权利主体长期享有权利。奥林匹克运动从本质上属于公益性活动，其标志是全世界的财富，使全人类受益，从这个意义上来说，对奥林匹克智力成果需要加以无限期的特殊保护。

二、青奥会标志知识产权保护的模式与现状

（一）以专利权的模式予以保护

我国专利法主要保护发明、实用新型和外观设计。外观设计是指对产品的形状、图案或者其结合以及色彩与形状、图案的结合所作出的富有美感并适用于工业应用的新设计。青奥会标志主要是以文字和图案形式表现，不属发明和实用新型的范畴，但符合我国专利法对外观设计的保护。但外观设计专利权必须具备两个条件：新颖性、与一定的产品相结合。如此一来，青奥标志须与产品相结合的才能得到外观设计专利权的保护，而未与产品相结合的青奥标志即无法通过这种方式实现保护。

（二）以著作权的模式予以保护

著作权的客体是具有独创性的作品，青奥标志中大量的智力成果都符合作品的要求，可以作为作品受著作权法的保护，如青奥会的徽记、吉祥物可以作为美术作品；青奥会的口号、格言可以作为文字作品；青奥会的会歌可以作为音乐作品。但类似青奥会、南京青奥会组织委员会这样一种专用名称等青奥标志因缺乏独创性，不能作为作品受著作权法保护。

（三）以商标权的模式予以保护

考察其他国家对奥林匹克标志的法律保护历史，发现奥林匹克标志最初主要是通过商标形式进行保护的。① 青奥标志符合我国《商标法》第 8 条规定的取得商标的条件，即属于可视性标志，由文字、图形、字母、数字、三维标志和颜色本身的组合及相互组合所构成的标号，可以申请注册为商标予以保护。同时，因青奥标志享有较高知名度，可以作为驰名商标进行注册，权利人之外的经营者不仅不能再次申请注册青奥标志，将其用于商品或者服务等营利活动中，甚至跨类别的商品与服务也不得注册青奥标志类似商标。我国《商标法》

---

① 参见刘翠洁：《论我国奥林匹克标志权的法律保护》，南昌大学 2008 年硕士学位论文。

第 10 条第 2 款规定："县级以上（含县级）行政区划的名称和公众知晓的外国地名，不得作为商标。"青奥会等名称及城市＋年份等青奥标志就不能作为商标。可见，将青奥标志注册为商标进行保护有其可行性，但仍不够全面。

（四）以特殊标志权的模式予以保护

与商标权的保护模式相比较，用特殊标志权来保护青奥标志更具优势。一是《特殊标志管理条例》作为一部行政法规，其宗旨与保护青奥标志的根本目的相契合，都是为了推动文化和体育活动的发展；二是青奥标志权与特殊标志权的主体类似，都是社会公益活动单位；三是特殊标志权的客体保护范围、权利人许可使用的领域方面，更符合青奥标志保护的特点和需求。根据《特殊标志管理条例》第 9 条的规定，特殊标志有效期为 4 年，自核准登记之日起计算。特殊标志所有人可以在有效期前 3 个月内提出延期申请，延长的期限由国务院工商行政管理部门根据实际情况和需要决定。如前所述，青奥标志有相对无限期的特点，如需续期，费时费力，因此，以特殊标志权的模式对青奥标志予以保护也非最佳选择。

（五）其他关于青奥会标志的保护规定

2002 年 4 月 1 日施行的《奥林匹克标志保护条例》是国务院制定的针对奥运知识产权专门行政法规。除此之外，与青奥知识产权相关的法律、法规还有 2010 年 12 月 27 日南京市政府发布的《南京市青年奥林匹克运动会知识产权保护规定》等，对青奥会标志的相关知识产权内容、侵犯青奥会知识产权的行为及行政管理部门处理侵犯青奥会知识产权可以采取的措施等进行了细化规定，因该规定的法律位阶的有限性，不能事实上设立青奥标志权，只能是对青奥标志产生的专利权、商标权、著作权以及特殊标志权知识产权法律保护的落实和强化，对青奥会标志仍不能起到很好的保护作用。

三、青奥会标志知识产权保护存在的困境

（一）立法层面存在的缺失

1. 立法体制不够健全，存在层次偏低的问题。我国尚无关于奥林匹克标志的统一立法，对奥林匹克标志的知识产权进行保护的法律规范庞杂，既有以专利法、商标法、著作权法为代表的法律保护体系，又有以《特殊标志管理条例》、《奥林匹克标志保护条例》为代表的行政法规保护体系，还有《北京

市奥林匹克知识产权保护规定》等地方性法规的支持。青奥会标志属于奥林匹克标志权的一部分，应当由全国人大或其常委会制定法律予以保护。不论是作为行政法规的《奥林匹克标志保护条例》，还是属于地方政府规章的《南京市青年奥林匹克运动会知识产权保护规定》，在立法效力等级、适用范围等方面因受立法权限的制约而存在显而易见的局限性。当这些专门规定与诸如著作权法、专利法、商标法这些更高层次的法律产生冲突时，理所当然应当适用效力层次更高的法律。而如前所述，对一般知识产权的保护并不能完全适用于青奥会知识产权的保护。同时，从我国尚未加入《保护奥林匹克会徽内罗毕条约》的情况来看，现有法律、法规还未能同保护奥林匹克知识产权的国际条约、惯例完全接轨，这也给我国保护奥林匹克标志权带来了一定的困难。

2. 立法内容不够完善，存在规定盲点的问题。一是缺乏对隐性市场行为的规定。奥运会中的隐性营销亦称隐性市场，指非奥运会合作企业与奥运会建立虚假或未经授权的联系，获得商业利益的行为。[①] 最早发现的隐蔽销售是美国盐湖城奥运会，本来啤酒类项目百威啤酒是指定产品，但是盐湖城有一个小啤酒厂在自己的包装上写着"盐湖城奥运会非指定产品"，这不禁让主办方无可奈何。[②] 而这种隐性营销行为所带来的危害并不亚于直接使用青奥标志的侵权行为，但法律尚未对隐性市场行为作出相关规定，使得对这一行为的侵权认定缺乏法律依据。同时，法律对隐性市场行为的判断标准、相应的防范措施和法律责任也处于空白状态，这也不利于行政执法机关和法院在处理相关纠纷时做出正确的认定。

二是缺乏对青奥会域名侵权的规定。目前，我们尚无一部真正针对青奥会域名保护的法律法规，1997 年 5 月 30 日中国互联网络信息中心制定的《中国互联网络域名注册暂行管理办法》仅是唯一的参考性依据。目前域名抢注侵权的问题已越来越凸显。以北京奥运会为例，在北京奥运会举办期间曾出现大量恶意注册与奥林匹克和北京 2008 奥运会等相关的各类国际域名，它们或对所注册的域名长期闲置，或刊载与奥林匹克毫无关联的商业内容，或大量非法高价售卖恶意抢注的上述域名。[③] 同样，青奥会域名的法律保护在一定程度上存在法律适用的盲区，导致对青奥会域名的保护难以做到真正的有法可依。

---

① 参见李安琦：《南京青奥会知识产权保护研究》，载《企业技术开发》2013 年第 6 期。

② 参见周华：《法律：奥运知识产权的门神》，载《检察风云》2008 年第 11 期。

③ 参见李安琦：《南京青奥会知识产权保护研究》，载《企业技术开发》2013 年第 6 期。

三是侵权标准规定不明确。根据《奥林匹克标志保护条例》之规定，界定是侵权行为还是合理使用的标准即有无经权利人许可以商业目的使用奥林匹克标志，但对何为"商业目的"无进一步的解释和说明，使得在实际执法中难以界定侵权行为。这一方面造成权利人没有提前预防的能力，在权利被侵害后只有通过法院的判决才能获得损害赔偿，增加维权成本；另一方面，使用人对自身使用行为是否合法的判断也存在困惑，导致行为人即使没有侵权意图，也可能作出侵害行为并造成严重后果。① 青奥会标志的知识产权保护中同样存在这一问题。

（二）执法时存在冲突

1. 执法部门混乱，缺乏规范管理。青奥会标志的保护涉及到很多部门，包括南京青奥组委会法律事务部、工商、海关、政府法制办等，众多部门联合执法的形式一定程度上扩大了审查范围，加强了查处力度，但亦可能因权责分工不明确，出现执法疏漏或执法重复的现象，最终造成政府执法成本增加，社会资源浪费。

2. 行政执法认定不准。由于法律对青奥标志的保护不够细化、明确，一些基层执法部门对青奥标志的侵权案件定性、处理程序和执法尺度沟通不及时，认识也不够统一，他们或将凡是带"奥"字的标识均认定为青奥标志的侵权行为，或将主观上善意、出于良好动机，客观上擅自使用青奥标志的行为不认定为侵权，这些认定侵权标准不统一的现象不利于青奥标志的保护与使用。

（三）公众保护意识淡薄

有调查发现，65%左右的商家并不知道自己在店门口擅自打出"某某店为青奥会喝彩"之类的标语或者在自己生产、销售的商品上擅自印青奥会商标、吉祥物的行为构成对青奥会知识产权的侵犯。② 许多市民出于宣传青奥会、推广奥运精神的热情购买青奥会图标旗，身穿贴有青奥图标的 T 恤，而其中绝大多数产品出自盗版之手，无形中这种好意助长了盗版之风。许多民众怀着这种支持南京青奥会的好意却在无形中损害了青奥会的利益。这主要是目前关于奥林匹克标志的法律还没有被人们所认知、体悟和需求。目前，关于青

① 参见韩键：《奥林匹克标志国内立法保护研究》，湘潭大学 2010 年硕士学位论文。

② 参见李安琦：《南京青奥会知识产权保护研究》，载《企业技术开发》2013 年第 6 期。

奥标志侵权界定不清，且已有的规定不为公众所熟知，造成了公众保护青奥标志知识产权保护的意识淡薄。

四、青奥会标志知识产权保护制度的建构

（一）完善我国奥林匹克标志权立法，建立全方位立法保护体系

1. 提高保护层次。采取立法措施保护奥林匹克知识产权是国际奥委会的特别要求，也是我国政府申办青奥会时的庄严承诺。为此，我们需要对奥林匹克标志加以全方位保护，摆在首位的是要加快我国奥运立法进程，尽快制定独立的《奥林匹克标志保护法》，在内容上协调好与商标法、著作权法、特殊标志管理条例等的关系，不仅可以结束奥林匹克标志保护"多法管理，多法不理"的局面，同时为以后的奥林匹克知识产权保护提供很好的制度保障，为更大限度地保护奥运知识产权，推动奥运在中国的健康发展提供法律支持。①

2. 加强国际合作。积极参与体育领域中知识产权方面国际规则的制定，如应尽快加入《保护奥林匹克会徽内罗毕条约》这部专门规定奥林匹克标志保护的国际条约，通过将该公约转化或并加入我国法律体系，做到与国际奥林匹克标志法律保护同步，使奥林匹克标志的知识产权保护有法可依，进而实现对青奥会标志最大限度的保护。②

3. 增加隐性市场行为的规定。首先，要明确隐性市场行为的判定标准，以列举的方式对行为的形式予以规定，以便于侵权的认定，为蠢蠢欲动的侵权者设立明确的法律高压线，使商家明确知悉法律的界限。其次，要明确隐形市场行为的法律责任，加大处罚力度。在预防青奥会中的隐性市场行为时，应明确相应的处罚原则，根据行为的范围和影响程度来确定不同的处罚标准，加大侵权者的违法成本。最后，要加强媒体宣传，通过大众媒体对借青奥影响力提高知名度的侵权商家及侵权行为予以曝光，有效遏制侵权行为的发生。

4. 预防域名抢注。针对青奥会的域名保护，要完善关于域名知识产权保护的相关规定，加大对青奥会相关域名的保护；要加强青奥会相关标志域名的预防性注册，通盘考虑相关域名可能被抢注的内容，做好域名品牌保护，防止

---

① 参见张林：《奥林匹克标志知识产权保护研究》，华中师范大学 2006 年硕士学位论文。

② 参见张雯：《我国奥林匹克标志的知识产权保护研究》，扬州大学 2011 年硕士学位论文。

域名被抢注；加大官方域名的宣传，让公众了解真正与青奥会相关的网站，以免上"假域名"的当。①

（二）加大执法保护力度，建立高效率的行政执法模式

1. 加强协调与沟通。保护青奥标志的知识产权，不仅要有立法层面的支持，还需要工商、海关、法院、知识产权局等多个单位的协调协同、明确分工与密切合作，共同查处和打击侵犯青奥会标志知识产权的行为。鉴于青奥会的规模、影响力等实际情况，可以由青奥组委会和市知识产权局在举办前成立知识产权保护办公室，负责相关协调工作。同时健全维权队伍，确定专门人员，深入了解奥林匹克知识产权相关法律法规的规定，并能准确把握青奥会标志知识产权的保护范围和要求，减少并最终杜绝因对相关法律法规认识不深所导致的执法错误。

2. 强化日常监管。加强对青奥会特许零售商店、青奥会标识印制单位的监管，同时严格涉奥广告登记审查，并拓宽监督渠道，将青奥标志保护工作与12315 工作结合起来。在商场、市场、高校、农村、景区、社区建立起工商监管、社会监管和企业自律相结合的三位一体监管网络，② 逐步将执法方式由集中打击转变为日常监管。

3. 开辟"青奥绿色通道"。国际大型体育赛事中知识产权侵权案件的处理大多通过一种非司法手段进行调查调解，以提高知识产权侵权处理效率，及时消除侵权所带来的负面影响。对此，南京青奥会可予以借鉴，开设青奥会知识产权保护的绿色通道如设立投诉机构，在临近青奥会开幕和举行过程中，梳理和简化青奥会知识产权侵权案件处理流程，实现侵权案件的快速处理。

（三）加强普法宣传力度，提升全社会的知识产权意识

普及青奥会标志知识产权保护知识，优化知识产权环境，不仅是此次青奥会标志知识产权保护的有效手段，也是促进与提升全社会知识产权意识的一次良好契机。考虑到青奥会的参与主体是青少年，一方面可以将对青奥标志知识产权进行法律保护的措施和计划编制成相关课程，采取各种方式如组织志愿者义务宣传，面向各中、小学校进行普及教育；另一方面，针对消费者大众知识

---

① 参见李安琦：《南京青奥会知识产权保护研究》，载《企业技术开发》2013 年第 6
期。

② 参见李安琦：《南京青奥会知识产权保护研究》，载《企业技术开发》2013 年第 6
期。

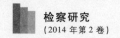

产权保护意识缺乏的问题，充分利用大众媒体的力量，增强民众对知识产权的
了解，以此提高其自觉保护青奥标志知识产权的意识，有效减少知识产权侵权
行为。距离 2014 年 8 月 16 日南京青奥会开幕已经越来越近，政府机关部门要
进一步加强宣传工作，普及、贯彻青奥会标志知识产权相关知识，增强对青奥
标志的保护力度，最终使青年奥林匹克运动和奥林匹克精神在全国大众中得到
普及和发扬，① 使公众像保护自己的眼睛一样去保护青奥会标志。

结语

知识产权保护作为保障南京青奥会顺利举办的重要组成部分，是展现国家
和城市形象的一张名片。在青奥会的长期筹办过程中，我们要充分利用青奥会
对我国知识产权法律制度全面检验的契机，建立、完善一批制度，颁布实施一
批保护知识产权的法律法规，逐步形成以《奥林匹克标志保护条例》为核心，
传统知识产权立法和其他有关法律相互配合的青奥标志知识产权法律保护体
系，不断推动我国知识产权法律制度向前发展。

---

① 参见刘船：《论我国对奥林匹克知识产权的法律保护》，中国海洋大学 2011 年硕士
论文。

《检察研究》稿约

　　《检察研究》系检察工作研究论丛，由中国检察出版社出版，每年4~6卷，每卷15~20万字。

　　《检察研究》的编辑宗旨是：以强化法律监督、强化自身监督、强化队伍建设为总要求，坚持理论联系实际，侧重检察应用理论研究，兼顾检察基础理论研究，通过对检察中心工作、检察工作改革创新等重要问题的探讨，对检察实践中法律适用的重大、疑难问题的分析，研究法学理论，总结检察经验，探求检察规律，弘扬社会主义法治理念，促进推动中国特色社会主义检察制度不断完善。

　　《检察研究》倡导具有科学性、系统性和前瞻性的研究，注重加强对检察工作全局性、战略性、规律性问题的研究，鼓励运用交叉学科的理论开展研究。欢迎围绕政法中心工作、检察工作科学发展、检察制度改革创新的理论和实证研究文章。

　　《检察研究》设本刊特稿、主题研讨、检察改革、检察实务、法学专论（检察理论）、调查报告、观点撷英、案例评析、域外法治、笔谈、书评等栏目，热忱欢迎国内外专家学者和司法实务专家赐稿。

　　来稿请注意以下事项：

　　1. 来稿请用电子稿件，以word文档输入。电子邮箱地址：jcyj06@163. com。

　　2. 来稿篇幅以4000~8000字为宜，具体栏目有字数要求的从该栏目要求。

　　3. 作者姓名请置于标题下，用笔名的请注明；文后请务必写明作者工作单位、职务职称、联系地址、邮政编码和通信方式。

　　4. 注释请按照本刊注释体例。

　　5. 来稿文责自负，但编辑根据需要，在保持原意的基础上有权对文稿作删改，不同意删改者敬请说明。

　　6. 作者自稿件投出之后3个月内未接到编辑部用稿通知的，可另行投稿；因编辑部人力有限，来稿不采用时恕不退稿和另行通知。

　　7. 文章录用后，即付稿酬。

　　8. 《检察研究》编辑部地址：南京市宁海路73号江苏省人民检察院；邮政编码：210024；联系电话：025—83798205；传真：025—83798395。

《检察研究》编辑部

2013年8月

《检察研究》注释体例

（一）一般规定

1. 采用脚注（法律史文章之古文献可采加括号之文内注）。

2. 每页连续注码。

3. 注码放标点符号后（对句中词语加注者除外）。

4. 文中及页脚注码符号为数字外套圆的形式。引文资料作者为外国人者，其姓名前加方括号注明国籍。

5. 作者注以星号＊标注，注明作者单位（不含院系）及职称或者职务。

6. 一般的感谢语可酌情删去；如系项目或课题成果，可在标题标注星号加以说明。

7. 非引用原文者，注释前加"参见"。

8. 非引自原始出处的，注释前加"转引自"。

9. 数个资料引自同一出处的，均需详细注释，不得采用"前引……"、"上引……"的形式。

10. 引文出自同一资料相邻页者，注明起始页"第×—×页"；相邻数页者，注为"第×页以下。"

11. 出版日期仅标明年份。通常不要"第×版"、"修订版"等。

12. 引文出自报刊或文集的，以"载"后接报刊或文集名称。

13. 原则上要求所引用的资料出自公开发表物。未公开发表的，采"××××年印行"。

14. 原则上不可引用网上资料。若确需引用，请注明作者、文章名、网址、访问日期等。

（二）注释例

1. 著作类

《马克思恩格斯选集》第 3 卷，人民出版社 1972 年版，第 26 页。

周鲠生：《国际法》上册，商务印书馆 1976 年版，第 156 页。

2. 论文类

王家福、刘海年、李步云：《论法制改革》，载《法学研究》1989 年第 2 期。

3. 文集、教材类

龚祥瑞：《比较宪法学的研究方法》，载《比较宪法研究文集》第 1 册，南京大学出版社 1993 年版。

佟柔主编：《民法》，法律出版社 1980 年版，第 123 页。

4. 译作类

［英］梅因：《古代法》，沈景一译，商务印书馆 1984 年版，第 69 页。

5. 报纸类

王启东：《法制与法治》，载《法制日报》1989 年 3 月 2 日。

6. 古籍类

《宋会要辑稿·食货》卷三。

［清］沈家本：《沈寄簃先生遗书》甲编，第 43 卷。

7. 辞书类

《辞海》，上海辞书出版社 1979 年版，第 932 页。

8. 港台著作

戴炎辉：《中国法制史》，台湾三民书局 1966 年版，第 45 页。

9. 外文类

从该文种注释习惯。著作或者文章名使用斜体。尽可能避免中外文混用。